Vegan & Roh

Unser Verlagsprogramm finden Sie unter
www.christian-verlag.de

Produktmanagement: Sabine Ammer
Text- und Rezeptredaktion: Monika Judä
Korrektur: Petra Tröger
Layout und Satz: Ute Schneider, u.s.design
Umschlaggestaltung:
Caroline Daphne Georgiadis, Daphne Design

Text und Rezepte: Christl Kurz
Fotografie:
Klaus-Maria Einwanger, Food Art Factory
Herstellung: Bettina Schippel
Repro: Repro Ludwig, Zell am See

Printed in Slovenia by Korotan.

Die Deutsche Nationalbibliothek verzeichnet diese
Publikation in der Deutschen Nationalbibliografie;
detaillierte bibliografische Daten sind im Internet
über http://dnb.d-nb.de abrufbar.

© 2012, Christian Verlag GmbH, München
2. Auflage 2013
Alle Rechte vorbehalten.

ISBN 978-3-86244-131-0

Alle Angaben in diesem Werk wurden von
der Autorin sorgfältig recherchiert und auf den
aktuellen Stand gebracht sowie vom Verlag
geprüft. Für die Richtigkeit der Angaben kann
jedoch keinerlei Haftung übernommen werden.
Für Hinweise und Anregungen sind wir jederzeit
dankbar. Bitte richten Sie diese an:

Christian Verlag
Postfach 100209
80702 München
E-Mail: lektorat@verlagshaus.de

Vegan & Roh

Die 100 besten Rezepte

CHRISTIAN

Inhalt

Vorwort

Gesunde Ernährung ist seit mehr als 30 Jahren mein Beruf und zugleich mein ganz persönliches Interesse. Es ist unglaublich faszinierend, wie eng Gesundheit und Wohlbefinden an unsere tägliche Ernährung geknüpft sind.

Immer mehr Menschen befassen sich mittlerweile ganz bewusst mit ihrer Ernährung und verändern ihre Essgewohnheiten. Eine deutlich wachsende Anzahl meiner Gäste ernährt sich ganz oder zeitweise vegan oder von Rohkost. Ein Thema, das kulinarisch noch sehr viel Potenzial hat, denn während die vegetarische Küche inzwischen auch in der Gastronomie ihren festen Platz hat, sind vegane und rohe Gerichte auf Speisekarten noch ausgesprochen selten zu finden.

Woran denken Sie bei Rohkost? An Salate und Obst? Und was fällt Ihnen als Erstes ein, wenn Sie an vegane Gerichte denken? Sojafleisch? Seitan? Ei-Ersatz?

Das war für mich einer der Gründe, dieses Buch zu schreiben. Denn es wäre auf die Dauer langweilig, wenn Rohkost nur aus Salaten bestünde. Und ich möchte zeigen, dass sich die vegane Küche bei Weitem nicht nur auf das Imitieren von Fleischgerichten und -aromen beschränkt. Das würde sich auf ihr gesundheitsförderndes Potenzial sogar eher kontraproduktiv auswirken, denn Fleischersatzprodukte sind sehr stark verarbeitet und stehen somit in der Qualität und Wertigkeit als Nahrungsmittel sicher nicht an erster Stelle der empfehlenswerten Zutaten.

Vegan und roh – beides stellt eine ernst zu nehmende Lebenshaltung, eine durchaus empfehlenswerte Ernährungsweise und ein praktikables Modell für ein gesundes und nachhaltiges Leben dar. Egal, ob Sie sich dem ganz oder zeitweise widmen.

Herzlich Ihre

Christl Kurz
Berchtesgaden, im Januar 2012

Wichtige Zubereitungsarten

Schneiden

Die Textur eines Gerichts hat einen großen Einfluss auf die Aromenwahrnehmung beim Essen. Je nach Schnittart kann ein Gemüse ganz unterschiedlich schmecken. Vergleichen Sie nur einmal ein Püree, feine Hobel oder Würfel ein und derselben Zutat. Oder Kräuter, die entweder gezupft, grob gehackt oder fein püriert werden. Der Sauerstoff spielt hier eine Rolle, dem das entsprechende Lebensmittel mehr oder weniger ausgesetzt ist, und die Aromen, die damit kombiniert werden.

Marinieren

Durch Marinieren in Säure, Öl, Salz und/oder Aromen wie Kräutern und Gewürzen wird Rohkost aromatisiert, aber auch weich gemacht. Das ist ähnlich wie beim Kochvorgang, nur eben ohne die hohe Temperatur. Ein gutes Beispiel sind hier die roh marinierten Auberginen (siehe Seite 114). Hier sehen Sie, wie der Vorgang des Marinierens eine Zartheit erzeugt, die im rohen Ausgangsprodukt zunächst nicht vorhanden ist.

Einweichen

Trockenfrüchte und Nüsse werden durch Einweichen in Wasser, Rosenwasser oder Orangensaft weich und ergeben feine Pürees.

Keimen von Getreide, Nüssen und Samen

Trockenes Getreide, Samen und Nüsse werden durch den Keimvorgang sprichwörtlich zum Leben erweckt. Keime stellen ein außerordentlich wertvolles Nahrungsmittel dar: roh, frisch, knackig und aromatisch. Das Keimen von Getreide, Nüssen und Samen ist sehr einfach und Sie können es wunderbar zu Hause machen. Besonders gut eignen sich Getreide wie Dinkel, Roggen, Weizen oder Gerste, Nüsse und Samen wie Sonnenblumenkerne, Mandeln oder Haselnüsse, Quinoa, Rettich- oder Radieschensamen, Rucola oder Alfalfa.

Phase 1 – Einweichen

Zunächst wird das trockene Keimgut zwölf Stunden zum Quellen in kaltes Wasser gelegt. Oft genügt das schon, um eine angenehm knackige Konsistenz zu erreichen und das Keimgut genussfertig zu machen. Quinoa beispielsweise keimt sehr schnell, meist sehen Sie bereits nach dieser ersten Einweichphase einen kleinen Keimling sprossen. Auch für kleinere Samen wie Sonnenblumenkerne reicht in der Regel diese Ein-weichphase völlig aus. Größere Nüsse dagegen benötigen 24 Stunden Einweichzeit, wobei das Wasser spätestens nach zwölf Stunden gewechselt werden sollte.

Phase 2 – Ankeimen

Wenn Sie möchten, dass ein kleiner Keimling zu sehen ist, brauchen Sie etwas mehr Geduld – das dauert 2 – 3

Tage. In dieser Zeit wird das Keimgut nicht mehr eingeweicht wie zu Beginn des Prozesses, sondern täglich mindestens zwei Mal sehr gründlich mit kaltem Wasser gespült, gut abgetropft und bei Zimmertemperatur dem Licht ausgesetzt. Dies geht am besten in sogenannten Keimgläsern, deren Deckel einen eingebauten Siebeinsatz haben (zu beziehen über Reformhaus, Bioladen, Internet).

Phase 3 – Auskeimen und Sprossen

Wenn Sie möchten, dass sich der Keimling noch weiter entwickelt und grüne Blättchen zu sehen sind, müssen Sie mit 4–5 Tagen rechnen. Die Keimlinge weiterhin täglich zwei Mal spülen und Zimmertemperatur und Licht aussetzen. Mit fortschreitendem Pflanzenwachstum werden Sie auch eine Veränderung im Geschmack feststellen: Die Sprossen schmecken weniger nussig, dafür mehr grasig-kräuterig.

Wichtige Hinweise:

▮ **Sauberes Keimen und Sprossen:** Das regelmäßige Spülen ist sehr wichtig, da das Keimgut durch das Wachstum einen angeregten Stoffwechsel hat (anders als beim ruhenden Stoffwechsel im Trockenzustand).

▮ **Volumen:** Beim Keimen vervielfacht sich das Volumen von Samen, Nüssen und Getreide. Deshalb ein ausreichend großes Gefäß zum Keimen auswählen und immer eine eher kleine Menge ansetzen.

▮ **Temperatur:** Wird Gekeimtes im Kühlschrank aufbewahrt, verlangsamt sich zwar das Wachstum drastisch, es büßt aber auch an Frische ein. Empfehlenswert ist, nur so viel zu keimen, wie direkt verbraucht werden kann, und nicht auf Vorrat zu arbeiten. Wenn es jedoch nicht anders geht, können Sie Gekeimtes 1–2 Tage im Kühlschrank aufbewahren. Wichtig auch hier: Vor Gebrauch wieder gut waschen.

Backen oder Lufttrocknen

Brote

Gebackenes Brot ist meist sowieso vegan, außer man verwendet Butter, die jedoch sehr einfach durch Öl oder Pflanzenmargarine ersetzt werden kann. Deshalb finden Sie in diesem Buch kein eigenes Kapitel über vegane Brote, sondern nur ein Rezept für luftige Buchweizen-Haselnuss-Burger (siehe Seite 19), denen der Buchweizen ein besonderes Aroma verleiht.

Eine besondere Stellung nehmen jedoch die rohen oder luftgetrockneten Brote ein. Hier kann man nicht wirklich von „Backen" sprechen. Entstanden sind diese Brote ursprünglich durch Trocknen an der Sonne, was natürlich nicht an allen Tagen und zu jeder Jahreszeit möglich ist. Deshalb verwenden viele Rohkost-Chefs einen Dehydrator zum Lufttrocknen. Das ist eine sehr gute Anschaffung für alle, die regelmäßig und viel Rohkost zubereiten möchten. Für alle anderen und zum ersten Ausprobieren empfehle ich, den Backofen auf 50 °C und Umluft einzustellen. Dies kommt dem Trocknen an der Sonne oder im Dehydrator sehr nahe, wobei Temperaturen von 50 °C streng genommen das Backgut nicht mehr ganz roh belassen. Besser wären 45 °C, doch diese Temperatureinstellung ist bei herkömmlichen Backöfen nicht möglich.

Bei rohen Broten kann auf Triebmittel verzichtet werden. Die Teige werden ansonsten genauso zubereitet wie übliche Brotteige. Gutes Kneten ist wichtig, um eine Bindung herzustellen. Gewürze wie Kümmel,

Koriander und Salz werden nach Belieben eingesetzt, ebenso Nüsse und Kräuter. Beim Backen oder besser gesagt Trocknen gilt eine einfache Faustregel: Je voluminöser der Brotlaib ist, desto länger ist die „Backzeit" oder Trockenzeit. Schnell trocken sind Fladenbrote, Cracker und Stangerl (Grissini). Dicke Brote bleiben oft sehr lange in der Mitte feucht. Deshalb schneidet man sie nach der ersten Trocknungsphase zunächst in Scheiben, diese lässt man nachtrocknen, was jede Scheibe etwas knuspriger werden lässt. Probieren Sie es aus!

Kuchen

Wunderbar und einfach lassen sich vegane Biskuits, Rühr- und Mürbeteige herstellen. Um saftige, lockere Kuchen ohne Eier, Butter und Sahne zu backen, bieten sich folgende Zutaten an:

▌ **Für die Saftigkeit:** Sojamilch, Sojasahne, Hafermilch, Mandelmilch, eingeweichte Trockenfrüchte, Mandelmus, Sesammus, Pflanzenmargarine
▌ **Als Triebmittel:** Backpulver oder Hefe
▌ **Als Bindemittel:** Pfeilwurzmehl oder Kuzu, Kichererbsenmehl oder Puddingpulver

Beim Backen von Rührteigen und veganen Biskuits sind niedrige Temperaturen besser als hohe. Ich empfehle eine Backtemperatur von maximal 175 °C und Umluft.

Besonders schöne, saftige Kuchen ent-stehen nach meiner Erfahrung, wenn man beim Backvorgang von Rührteigen und Biskuit zunächst das Backgut mit einer durchlöcherten Alufolie abdeckt, damit der Kuchen durchbacken kann, aber nicht vorzeitig an der Oberfläche dunkel wird. Erst für die letzten Minuten im Backofen nimmt man die Folie ab, um die Oberseite leicht golden werden zu lassen.

Rohe Kuchenteige werden wie rohes Brot luftgetrocknet. Dies gelingt sehr gut im Dehydrator, im Backofen bei 50 °C und Umluft oder an der Sonne. Luftgetrocknete Mürbeteige ergeben köstliche und knusprige Böden für Torteletts, Cracker und Torten.

Ganz ohne Trocknen kommen Sie bei Verwendung von Nusspürees aus eingeweichten Cashewkernen aus. Sie bilden die Grundlage für göttliche Käsekuchen. Auch Marzipane aus trockenen Nüssen erfordern kein Trocknen und sind eine einfache Möglichkeit, Pralinen herzustellen oder Schnitten zu machen. Trockenfrüchte, mariniert in Rosenwasser oder Orangensaft, werden zur Basismasse, zum Beispiel für Rohkost-Cupcakes.

Pürieren

Sahne

Wer keine Sojasahne oder fertige Kokosnusscreme mag und Frisches vorzieht, kann Nussmuse zur Herstellung einer wunderbaren Nusssahne verwenden. Ich bin ein großer Fan von selbst gemachter, veganer Sahne aus Nussmusen. Diese ist universell einsetzbar, kann sowohl süß als auch pikant abgeschmeckt werden und schmeckt erstaunlich gut. IhreTextur ist ein bisschen schwerer als die von Sahne aus Milchrahm. Helles Mandelmus, eingeweichte oder gekeimte

Cashewkerne oder junge, weiche Kokosnüsse ergeben eine besonders luftige Sahne.

Milch

Auf dem Markt gibt es mittlerweile eine große Auswahl an veganer Milch wie Hafermilch, Reismilch, Mandelmilch, Cashewmilch, Sojamilch oder Hanfmilch, um nur einige zu nennen.

Da Nussmilch oder Hafermilch sehr einfach im Mixer selbst hergestellt werden können, sollten Sie das unbedingt einmal ausprobieren. Sie werden von der Qualität und Frische begeistert sein, die Sie so in keinem Fertigprodukt finden können.

Joghurt oder Sauerrahm

Als Ersatz eignen sich Sojajoghurt aus dem Laden oder selbst gemachte, mit Zitronensaft gesäuerte Nusssahne.

Fermentieren

Käse

Sie werden Nusskäse lieben, da bin ich mir ganz sicher! In diesem Buch habe ich verschiedene Varianten an Nuss-Frischkäsen aufgeführt, die ich persönlich sehr gerne mag. Sie sind einfach herzustellen, lassen sich ein paar Tage aufbewahren und schmecken fantastisch. Das ist Frisch-Kost, gesund und wohlschmeckend! Es gibt auch die Möglichkeit, die Nusskäse mit Miso zu fermentieren, auf diese Weise länger haltbar zu machen und sie „reifen" zu lassen, ähnlich wie bei Käsen aus Milch.

Tiefkühlen

Eis

Auch Gefrorenes gilt als Rohkost. Fruchteis und Sorbets aus Früchten sind so vorzüglich wie cremige Parfaits oder Eis aus Nusssahne oder Kokosmilch und Kokoscreme. Köstlich, vegan UND roh!

Ihre Küchenhelfer – das richtige Werkzeug

Mixer, Foodprocessor, Blitzhacker & Co.

Sie brauchen mindestens einen, besser zwei gute Mixer oder Universal-Blender. Der Markt hält hier ein großes Angebot bereit. Die Größe eines Mixers richtet sich danach, welche Menge Sie täglich zubereiten möchten. Ich stelle größere Mengen im Mixer oder Food-processor her. Für kleinere Portionen schwöre ich inzwischen auf den Personal Blender (im Internet zu finden), der auch kleinste Mengen sehr fein püriert.

Hier meine persönliche Hitliste:
- Mixer (1 – 1,5 Liter) mit gutem Motor für Suppen, Mandelmilch und Pürees in größeren Mengen
- Blitzhacker – für geriebene Nüsse und Pürees
- Personal Blender – perfekt für ultrafeine Pürees und Saucen, vor allem für kleine Mengen
- Stabmixer – zum Aufschäumen von Saucen und Suppen
- Foodprocessor – für Käse und Nusskäsemassen sowie Nusssahne in größeren Mengen

Siebe

Ich verwende drei verschiedene Siebe – ein sehr feines Haarsieb oder Spitzsieb, um Flüssigkeiten von feinen Einheiten zu trennen, ein mittelfeines Sieb zum Passieren dicker Pürees und ein grobes Spitzsieb, um Flüssigkeiten von groben Einheiten zu trennen.

Messer

Gute Messer sind die wichtigsten Küchenhelfer. Da lohnt sich eine etwas höhere Investition, denn gute Messer sind lebenslange Begleiter. Als Grundausstattung genügen ein kleines, leichtes Messer, ein großes, schwereres Messer und ein Wellenschliff- oder Säge-messer.

Schäler

Schäler in verschiedenen Breiten (U-Form) sind nicht nur zum Schälen praktisch, sondern hobeln auch Gemüse in hauchdünne Streifen verschiedener Breite.

Mandoline oder elektrische Schneidemaschine

Diese Geräte sollten Sie sich anschaffen, wenn Sie gerne und viel kochen. Sie erleichtern die Arbeit in der Küche enorm und ermöglichen im Handumdrehen die Herstellung hauchfeiner Scheiben, Streifen oder Hobel von Gemüse – ähnlich wie mit einem Schäler, aber leichter und schneller.

Zestenreißer oder drehbarer Gemüsehobel

Mit dem Zestenreißer können Sie ganz einfach dünne Streifen von der Schale von Zitrusfrüchten oder Gemüse abtrennen. Das ist prima für kleine Mengen. Wird mehr benötigt, lohnt sich die Anschaffung eines drehbaren Gemüsehobels, der aus allen Gemüse-sorten mühelos lange Spaghetti schneidet.

Microplane Reibe

Sie ist wichtig zum Reiben von Zitrusschalen, Muskat-nuss und Ingwer. Damit lässt sich auch einfach und schnell Knoblauchpüree herstellen, was vor allem beim Reiben extrem kleiner Mengen wie nur einer Zehe sehr praktisch ist.

Dehydrator oder Backofen

Zur Herstellung getrockneter Teige ist ein Dehydrator natürlich perfekt. Aber auch das Trocknen im Backofen bei 50 °C und Umluft funktioniert sehr gut. Als Alter-native bei entsprechendem Wetter ist das Trocknen an der Sonne ausdrücklich zu empfehlen.

Basics

Veganer, roher Käse, luftgetrocknete Brote, ein Lieblings-Burgerbrötchenrezept, roh gerührte Brotaufstriche und Dips – gleich *am Anfang* finden Sie hier eine Vielzahl an Grundrezepten für die vegane und rohe Küche. Und die machen *richtig Lust auf mehr!* Begleitet von fruchtigen Shakes verführen diese Basics zu ganz neuen Kreationen in der Küche. Viel Spaß!

Gebackener Mürbeteig

Zubereitung: 25 Minuten
Für 3 Quiches

Zutaten

250 g Dinkelvollkornmehl
1 TL Weinstein-Backpulver
50 ml kaltes Wasser
1 Prise Salz
100 g Pflanzenmargarine

❙ Das Mehl mit dem Backpulver mischen. Alle Zutaten rasch verkneten. Den Teig in drei gleich große Stücke teilen und in drei Quicheformen (26 cm Durchmesser) dünn ausrollen.
❙ Den Teig mindestens 10 Minuten sehr kalt stellen, am besten im Tiefkühlgerät.
❙ Den Quicheteig im vorgeheizten Backofen bei 200 °C 5 Minuten vorbacken.
❙ Danach nach Belieben süß oder herzhaft belegen und fertig backen. Die Backzeit hängt vom Belag ab und ist bei den weiterführenden Rezepten angegeben.

Roher Mürbeteig

Zubereitung: 10 Minuten plus
4 Stunden zum Trocknen
Für 1 Quiche

Zutaten

50 g Dinkelvollkornmehl
50 g Hirsemehl | 1 Prise Salz
30 g Polentagrieß
30 g Mandeln, fein gemahlen
150 ml kaltes Wasser

❙ Alle Zutaten gut verkneten. Den Teig in der Quicheform (26 cm Durchmesser) dünn ausrollen und mindestens 4 Stunden bei Zimmertemperatur trocknen lassen.
❙ Den Quicheteig dann nach Belieben süß oder herzhaft belegen und sofort servieren.

Tipp: Es lohnt sich, Quicheteig auf Vorrat herzustellen und roh einzufrieren. So hat man ihn schnell zur Hand und im Handumdrehen ist ein Gericht fertig.

Roher Nussmürbeteig

Zubereitung: 10 Minuten plus
4 Stunden zum Trocknen
Für 1 Tortenboden oder 18 kleine
Törtchen

Zutaten

100 g Dinkelvollkornmehl
60 g Haselnüsse, fein gemahlen | 1 Prise Salz
150 ml kaltes Wasser
Außerdem
Dinkelvollkornmehl zum Ausrollen

❙ Alle Zutaten gut miteinander verkneten. Den Teig entweder in kleine Tortelettförmchen drücken oder auf einer leicht mit Mehl bestäubten Arbeitsfläche dünn zu einem großen Tortenboden (26 cm Durchmesser) ausrollen.
❙ Den Teig mindestens 4 Stunden bei Zimmertemperatur trocknen lassen. Dann nach Wunsch belegen und sofort servieren.

Tipp: Rohen Mürbeteig kann man höchstens 2 Tage aufbewahren, wenn er trocken gelagert wird. Sobald der Teig belegt ist, sollte er schnell serviert werden, da er sonst wieder aufweicht.

Heller Biskuit

Zubereitung: 20 Minuten
Für 1 Blech

Zutaten

150 g Mandeln, gehäutet
100 g Reismehl
1 Päckchen Vanillepudding-
pulver | 200 ml Sojamilch
100 g Dinkelvollkornmehl
1 Päckchen Weinstein-
Backpulver | 100 g Sojasahne
100 g Pflanzenmargarine
150 ml Agavendicksaft
Außerdem
etwas Pflanzenmargarine
für das Backblech

▌ Den Backofen auf 180 °C vorheizen. Ein Backblech mit Backpapier auslegen und dieses mit etwas Pflanzenmargarine fetten.

▌ Die Mandeln im Mixer pulverisieren. Das Mandelpulver mit dem Reismehl, dem Puddingpulver, dem Dinkelmehl und dem Backpulver mischen. Die Margarine und den Agavendicksaft mit dem Schneebesen schaumig schlagen. Die Sojasahne und die Sojamilch mit der Mehlmischung verrühren, dann die Margarinemasse unterheben.

▌ Den Teig auf das vorbereitete Backblech streichen und den Biskuit bei 180 °C etwa 10 Minuten backen.

Tipp: Den Biskuitteig können Sie mit Obst belegen oder für Rosenpralinen (siehe Seite 154) verwenden. Der Biskuit kann gut eingefroren werden.

Kakaobiskuit

Zubereitung: 30 Minuten
Für 1 Blech

Zutaten

100 g Mandeln, gehäutet
60 g Kakaopulver
70 g Reismehl
1 Päckchen Vanillepudding-
pulver | 100 g Sojasahne
80 g Dinkelvollkornmehl
1 Päckchen Weinstein-
Backpulver | 200 ml Sojamilch
100 g Pflanzenmargarine
150 ml Agavendicksaft
Außerdem
etwas Pflanzenmargarine
für das Backblech

▌ Den Backofen auf 180 °C vorheizen. Ein Backblech mit Backpapier auslegen und dieses mit etwas Pflanzenmargarine fetten.

▌ Die Mandeln im Mixer pulverisieren. Das Mandelpulver mit dem Kakaopulver, dem Reismehl, dem Puddingpulver, dem Dinkelmehl und dem Backpulver mischen. Die Margarine und den Agavendicksaft mit dem Schneebesen schaumig schlagen. Die Sojasahne und die Sojamilch mit der Mehlmischung verrühren, dann die Margarinemasse unterheben.

▌ Den Teig auf das vorbereitete Backblech streichen und bei 180 °C etwa 10 Minuten backen.

Sonnenblumenbrot

Zubereitung: 10 Minuten plus
3 – 4 Stunden zum Trocknen
Für 3 Brote

Zutaten

250 g Dinkelvollkornmehl
50 g Kamutmehl
6 EL Sonnenblumenkerne
1 TL gemahlener Kümmel
1 TL Apfeldicksaft
200 ml Wasser | Salz
Außerdem
Dinkelvollkornmehl zum
Verarbeiten

▋ Alle Zutaten zu einem festen Teig verkneten.
▋ Den Teig in drei gleich große Portionen teilen und auf einer mit Mehl bestäubten Arbeitsfläche Brote daraus formen. Die Oberfläche der Laibe mit einem Messer mehrfach einritzen. Die Brote nebeneinander auf ein mit Backpapier ausgelegtes Blech legen und entweder im Backofen bei 50 °C oder an der Sonne trocknen lassen. Das dauert 3 – 4 Stunden.

Tipp: Je schmaler die Brote geformt werden, umso schneller trocknen sie. Vollständig getrocknetes Brot kann einige Tage aufbewahrt werden.

Kümmelfladen

Zubereitung: 15 Minuten plus
1 Stunden zum Trocknen
Für 8 – 10 Fladen

Zutaten

150 g Dinkelvollkornmehl
50 g Buchweizenmehl
50 g Kamutmehl
4 EL Walnusskerne, grob
gemahlen
1 EL Kümmel
1 EL Koriandersamen
1 TL Apfeldicksaft
200 ml Wasser
Salz
Außerdem
etwas Dinkelvollkornmehl
zum Verarbeiten

▋ Alle Zutaten zu einem festen Teig verkneten.
▋ Den Teig in 8 – 10 gleich große Teile portionieren und auf einer mit Mehl bestäubten Arbeitsfläche zu dünnen gleichmäßigen Fladen ausrollen. Die Fladen nebeneinander auf mit Backpapier ausgelegte Bleche legen und entweder im Backofen bei 50 °C oder an der Sonne trocknen lassen. Das dauert etwa 1 Stunde.

Tipp: Vollständig getrocknete Fladen können einige Tage aufbewahrt werden.

Schon gewusst? Kamut ist eine Weizensorte, die vermutlich aus Ägypten stammt. Kamutkörner sind deutlich größer als herkömmliche Weizenkörner. Das daraus gewonnene Mehl schmeckt herzhaft und leicht nussig. Man erhält es in Naturkostläden oder Reformhäusern.

Buchweizen-Haselnuss-Burger

Zubereitung: 40 Minuten
Für 8 Brötchen

Zutaten

250 g Buchweizen-
vollkornmehl
100 g Dinkelvollkornmehl
100 g Haselnüsse, geröstet
und fein gemahlen
25 g Hefe (etwa ½ Würfel)
300 ml Wasser
3 EL Olivenöl | ½ TL Salz
2 EL Sesam zum Bestreuen

❚ Die beiden Mehlsorten und die gemahlenen Nüsse mischen. Die Hefe zerbröckeln und im Wasser auflösen. Die Mehlmischung damit gut vermengen und durchkneten. Den Teig 10 Minuten bei Zimmertemperatur gehen lassen. Inzwischen den Backofen auf 220 °C vorheizen.

❚ Das Olivenöl und das Salz in den Teig kneten und acht gleich große Burgerbrötchen formen. Die Oberfläche mit Wasser bepinseln und mit dem Sesam bestreuen. Die Brötchen auf ein mit Backpapier ausgelegtes Blech legen, nochmals 10 Minuten gehen lassen. Dann bei 220 °C 10 Minuten backen.

Tipp: Die Brötchen lassen sich sehr gut auf Vorrat herstellen und einfrieren.

Luftgetrockneter Pizzaboden

Zubereitung: 15 Minuten plus
1 Stunde zum Trocknen
Für 3 Pizzas

Zutaten

180 g Dinkelvollkornmehl
100 g Kamutmehl
2 EL Olivenöl
½ Bund Thymian, Blätter
abgezupft
½ Knoblauchzehe, Keim
entfernt, zerdrückt
200 ml Wasser | Salz
Außerdem
Dinkelvollkornmehl zum
Verarbeiten

❚ Alle Zutaten zu einem festen Teig verkneten.

❚ Den Teig in drei gleich große Teile portionieren und auf einer mit Mehl bestäubten Arbeitsfläche sehr dünn zu runden Pizzas (25 cm Durchmesser) ausrollen. Die Teigplatten auf mit Backpapier ausgelegte Bleche legen und entweder im Backofen bei 50 °C oder an der Sonne trocknen lassen. Das dauert etwa 1 Stunde.

Tipp: Vollständig getrocknete Pizzaböden können luftig und trocken einen Tag aufbewahrt werden. Wenn sie jedoch belegt sind, sollten sie sofort serviert werden.

Luftgetrocknete Tomatencracker

**Zubereitung: 15 Minuten plus
1 Stunde zum Trocknen
Für 30 Cracker**

Zutaten

200 g Dinkelvollkornmehl
2 EL Walnusskerne
2 getrocknete Tomaten
1 Zweig Rosmarin | Salz
½ Knoblauchzehe
1 EL Olivenöl | 200 ml Wasser
etwas abgeriebene Schale
von 1 Bio-Zitrone
Außerdem
Dinkelvollkornmehl zum
Verarbeiten

▌ Die Walnusskerne, die Tomaten und die abgestreiften Rosmarinnadeln hacken. Den Knoblauch schälen, vom Keim befreien und zerdrücken. Alle Zutaten zu einem festen Teig verkneten.

▌ Den Teig zu einer gleichmäßig dicken Rolle formen, 30 gleich große Scheiben abschneiden und auf einer mit Mehl bestäubten Arbeitsfläche dünne Rondellen ausrollen. Die Rondellen nebeneinander auf ein mit Backpapier ausgelegtes Blech legen und entweder bei 50 °C im Backofen oder an der Sonne trocknen lassen. Das dauert etwa 1 Stunde.

Tipp: Luftdicht verpackt können vollständig getrocknete Cracker einige Tage aufbewahrt werden. Sie sind ein immer willkommenes Knabbergebäck zum Aperitif oder zu Vorspeisen.

Variante: Ein ebenso feines Knabbergebäck wie Tomatencracker sind luftgetrocknete Roggenstangerl. Dazu verknetet man 150 Gramm Roggenvollkornmehl, 100 Gramm Dinkelvollkornmehl, je einen Esslöffel Olivenöl und getrockneten Oregano und einen Teelöffel Apfeldicksaft mit 200 Milliliter Wasser und etwas Salz zu einem festen Teig. Diesen in 30 gleich große Portionen teilen und zu dünnen gleichmäßigen Stangen rollen. Die Stangen wie die Tomatencracker trocknen lassen.

Roggen-Gewürz-Cones

**Zubereitung: 35 Minuten plus
1 Stunde zum Trocknen
Für 24 Cones**

Zutaten

50 g gekeimter Roggen
200 ml Wasser
Salz
je ½ TL Blaumohn
Koriandersamen
Kreuzkümmel
Piment
100 g Roggenvollkornmehl
100 g Dinkelmehl

▌ Den gekeimten Roggen mit dem Wasser im Mixer zerkleinern. Die Gewürze in der Pfeffermühle mahlen. Alle Zutaten zu einem weichen Teig verrühren, leicht salzen. Den Teig 15 Minuten quellen lassen.

▌ Mit einem Küchenspatel den zähflüssigen Teig in Form von 24 hauchdünnen Scheiben (8 cm Durchmesser) auf ein Backpapier streichen. Bei 50 °C 20 Minuten antrocknen lassen. Dann die halb getrockneten Teigscheiben vorsichtig vom Backpapier lösen und trichterförmig zu Cones einrollen. Diese am Verschluss nochmals leicht mit Wasser anfeuchten und fest andrücken. Mit dem Verschluss nach unten 1 Stunde bei 50 °C fertig trocknen lassen.

Tipp: Die Cones können luftdicht verpackt einige Tage aufbewahrt werden, am besten in einer Schachtel, damit sie nicht zerdrückt werden.

Kürbisketchup

Zubereitung: 35 Minuten
Für 1 Glas (500 ml)
(Bild Seite 22)

Zutaten

400 g Hokkaidokürbis
2 Fleischtomaten
2 Zwiebeln
3 Knoblauchzehen
1 Chilischote
4 Nelken
2 Lorbeerblätter
1 Zacken Sternanis
6 EL Olivenöl | Salz
4 EL Agavendicksaft
4 EL Weißweinessig

▌ Den gewaschenen, aber ungeschälten Kürbis entkernen und in grobe Stücke schneiden. Den Stielansatz der Tomaten entfernen, das Fruchtfleisch ebenfalls grob zerkleinern. Die Zwiebeln schälen und in grobe Stücke schneiden. Den Knoblauch schälen und vom Keim befreien, dann grob hacken. Die Samen der Chilischote entfernen, die Schote grob zerkleinern.

▌ Zwiebeln, Knoblauch, Chili und die Gewürze im Olivenöl zusammen mit dem Agavendicksaft anschmoren. Den Kürbis und die Tomaten dazugeben, ebenso den Essig und etwas Salz. Bei geschlossenem Deckel 15 Minuten auf kleiner Flamme köcheln lassen.

▌ Das Ketchup durch ein mittelfeines Sieb passieren und noch heiß in ein sterilisiertes Glas mit Schraubverschluss füllen. Das Glas verschließen und abkühlen lassen.

Tipp: Das Ketchup hält sich im gut verschlossenen Glas bis zu einem Jahr. Sobald das Glas geöffnet ist, zügig verbrauchen und im Kühlschrank aufbewahren.

Rote-Bete-Hummus mit Oliven

Zubereitung: 35 Minuten
Für 4 Personen
(Bild Seite 23)

Zutaten

200 g Rote Bete
200 g gekeimte Kichererbsen
3 Zwiebeln
4 Knoblauchzehen
2 EL Kreuzkümmel
6 EL Olivenöl
20 g schwarze Oliven
Saft von 2 Bio-Zitronen
2 EL helles Mandelmus oder Sesammus
½ Bund Minze, Blätter abgezupft
Salz | Pfeffer
1 EL Olivenöl zum Anrichten

▌ Die Roten Beten putzen, waschen und grob zerkleinern. In einen großen Topf so viel Wasser einfüllen, dass der eingehängte Dämpfeinsatz das Wasser nicht berührt. Das Wasser erhitzen, die Kichererbsen hineingeben, den Dämpfeinsatz darüberhängen. Die Roten Beten in den Dämpfeinsatz legen und im Dampf 20 Minuten garen.

▌ Die Zwiebeln schälen und in Streifen schneiden. Den Knoblauch schälen, vom Keim befreien und zerdrücken. Zwiebeln, Knoblauch und Kreuzkümmel in einem Esslöffel Olivenöl glasig anschwitzen.

▌ Die gegarten Kichererbsen durch ein Sieb abseihen. Die Oliven entsteinen und hacken.

▌ Die gegarten Roten Beten, die Kichererbsen, die Zwiebel-Knoblauch-Masse, zwei Drittel der Oliven, die restlichen fünf Esslöffel Olivenöl, den Zitronensaft, das Mandelmus und die Minze im Mixer fein pürieren. Gegebenenfalls noch etwas von der Kochflüssigkeit der Kichererbsen dazugeben, damit die Masse cremig wird. Mit Salz und Pfeffer abschmecken.

▌ Den roten Hummus in Portionsschälchen füllen, in die Mitte eine Vertiefung drücken und die restlichen gehackten Oliven und einen Esslöffel Olivenöl hineingeben. Nach Belieben zu Brot oder Crudités reichen.

Pesto rosso aus getrockneten Tomaten

Zubereitung: 10 Minuten
Für 1 Glas (50 ml)

Zutaten

25 g getrocknete Tomaten
1 Knoblauchzehe
1 Bio-Zitrone
8 EL Olivenöl
4 EL Pinienkerne
2 Stängel Basilikum, Blätter
abgezupft
Salz
Pfeffer

▌ Den Knoblauch schälen, den Keim entfernen. Etwas Schale von der Zitrone abreiben, den Saft auspressen.

▌ Alle Zutaten im Mixer fein pürieren. Mit Salz und Pfeffer abschmecken. Das Pesto in ein sterilisiertes Glas füllen und bis zur weiteren Verwendung fest verschließen.

Tipp: Das Pesto kann einige Zeit im Kühlschrank aufbewahrt werden und ist ein schmackhafter Dip für Gemüsesticks oder Brot.

Frisches Tomatenpesto

Zubereitung: 10 Minuten
Für 1 Glas (50 ml)

Zutaten

2 Tomaten
1 Knoblauchzehe
1 kleine Chilischote
2 EL Olivenöl
4 EL helles Mandelmus
1 TL Apfeldicksaft
2 Stängel Basilikum, Blätter
abgezupft
Salz

▌ Den Stielansatz der Tomaten mit einem spitzen Messer entfernen. Den Knoblauch schälen, den Keim entfernen. Die Chilischote von den Samen befreien.

▌ Alle Zutaten im Mixer fein pürieren. Das Pesto in ein sterilisiertes Glas füllen und bis zur weiteren Verwendung fest verschließen.

Tipp: Das frische Pesto kann 2 – 3 Tage im Kühlschrank aufbewahrt werden. Toll für eine rohe Pizza oder als Dip für Chicorée oder Salatwraps.

Kräuter-Aromadip

Zubereitung: 10 Minuten
Für 4 Personen

Zutaten

10 g Rucolablätter
½ Bund Basilikum, Blätter
abgezupft
½ Bund glatte Petersilie,
Blätter abgezupft
2 Zweige Bohnenkraut, Blätter
abgezupft
1 Knoblauchzehe
80 ml Olivenöl | Salz | Pfeffer
etwas abgeriebene Schale von
1 Bio-Zitrone
1 Msp. scharfer Senf

❙ Die Rucolablätter putzen. Die Kräuter grob hacken. Den Knoblauch schälen, vom Keim befreien und zerdrücken. Rucola, Kräuter, Knoblauch, Zitronenschale, Senf und das Olivenöl mit etwas Salz und Pfeffer im Mixer fein pürieren.

❙ Den Dip in Portionsschälchen füllen und nach Belieben Brot oder Gemüsesticks dazu reichen.

Tipp: Experimentieren Sie mit verschiedenen Kräutern – viele schmecken sehr fein! Dill und Kerbel beispielsweise ergeben ebenfalls eine feine Mischung. Ein Dip nur mit Petersilie oder Rucola als einzigem Bestandteil, wenn man die oben genannte Mischung nicht parat hat, ist ebenso würzig wie einfach. Der Dip kann einen Tag im Kühlschrank aufbewahrt werden.

Tomaten-Paprika-Aromadip

Zubereitung: 40 Minuten
Für 4 Personen

Zutaten

1 kleine rote Paprikaschote
2 Tomaten
½ Chilischote
1 Knoblauchzehe
1 TL Apfeldicksaft
1 TL heller Balsamicoessig
80 ml Oliven
Salz
Pfeffer

❙ Die Paprikaschote halbieren, Samen und Scheidewände entfernen. Ein Backblech mit etwas Olivenöl bestreichen und die Paprikahälften mit der Schnittfläche nach unten darauflegen. Die Paprika im vorgeheizten Backofen bei 200 °C 15 Minuten backen, bis die Haut Blasen wirft. Die gebackenen Paprikahälften in einen Plastikbeutel füllen und abkühlen lassen. Dann die Haut abziehen.

❙ Den Stielansatz der Tomaten mit einem spitzen Messer entfernen. Die Tomaten an der Oberseite kreuzförmig einritzen, mit kochendem Wasser überbrühen und nach 5 Sekunden kalt abschrecken. Die Haut abziehen. Die Tomaten vierteln und die Kerne entfernen.

❙ Samen und Scheidewände der Chilischote entfernen. Den Knoblauch schälen, vom Keim befreien und zerdrücken. Die Tomaten- und Paprikastücke, Chili, Knoblauch, Apfeldicksaft, Balsamicoessig und das restliche Olivenöl mit etwas Salz und Pfeffer im Mixer fein pürieren. Nach Belieben zu Brot oder als Dip für Gemüsesticks reichen.

Tipp: Der Dip ist im Kühlschrank 1 Tag haltbar.

Oliven-Aromadip

Zubereitung: 10 Minuten
Für 4 Personen

Zutaten

25 g schwarze Oliven,
entsteint | 1 EL Kapern
2 getrocknete Tomaten
½ Bund Zitronenthymian,
Blätter abgezupft
etwas abgeriebene Schale von
1 Bio-Zitrone | 80 ml Olivenöl

▌ Alle Zutaten in den Mixer geben und fein pürieren.

Tipp: Auch dieser Aromadip schmeckt wunderbar zu Brot oder
Gemüsesticks. Besonders fein ist er, wenn er ganz dünn auf den
Pizzaboden von Seite 19 gestrichen wird!

Salbeiöl

Zubereitung: 30 Minuten plus
6 Stunden zum Ziehen
Für 1 Glas (50 ml)

Zutaten

1 Bund Salbei
50 ml Olivenöl
10 schwarze Pfefferkörner

▌ Das Olivenöl in einem Topf auf 50 °C erwärmen, den Salbei und
die Pfefferkörner einlegen und 20 Minuten bei gleichbleibender
Temperatur ziehen lassen. Dann den Topf vom Herd nehmen und
das Öl mit dem Salbei und dem Pfeffer zugedeckt 6 Stunden ziehen
lassen.
▌ Das Öl durch ein Sieb abseihen und in ein verschließbares, sterilisiertes Glas füllen.

Tipp: Das aromatische Öl kann einige Wochen aufbewahrt werden,
wenn es kühl und dunkel gelagert wird.

Cashewkäse mit Thymian

**Zubereitung: 15 Minuten plus
2 Stunden zum Ziehen
Für 2 Käse**

Zutaten

400 g gekeimte Cashewkerne
1 Prise edelsüßes Paprika-
pulver | Salz | Pfeffer
1 Bund Thymian, Blätter
abgezupft

▌ Die gekeimten Nüsse im Mixer fein pürieren. Die Masse mit Paprikapulver, Salz und Pfeffer abschmecken. Gut durchkneten. Dann die Masse halbieren und zwei kleine Käselaibe formen. Die Laibe in Thymian wälzen und mindestens 2 Stunden ziehen lassen.

Walnuss-Kümmel-Käse

**Zubereitung: 10 Minuten plus
2 Stunden zum Ziehen
Für 2 Käse**

Zutaten

200 g gekeimte Cashewkerne
200 g Walnüsse (oder junge
Schälnüsse), 24 Stunden
eingeweicht
1 Prise Schabzigerkleepulver
Salz | Pfeffer | 4 EL Kümmel

▌ Die Nüsse im Mixer fein pürieren. Die Masse mit Schabzigerklee, Salz und Pfeffer abschmecken. Gut durchkneten. Dann die Masse halbieren und zwei kleine Käselaibe formen. Die Laibe im Kümmel wenden und mindestens 2 Stunden ziehen lassen.

Sonnenblumen-Pilz-Käse

**Zubereitung: 10 Minuten plus
2 Stunden zum Ziehen
Für 2 Käse**

Zutaten

200 g gekeimte Sonnen-
blumenkerne | Salz | Pfeffer
100 g gehäutete Mandeln,
1 Tag eingeweicht
15 g getrocknete Steinpilze
gemahlen

▌ Die Sonnenblumenkerne und Mandeln im Mixer fein pürieren. Die Masse mit Salz und Pfeffer abschmecken. Gut durchkneten. Dann die Masse halbieren und zwei kleine Käselaibe formen. Die Laibe im Pilzpulver wenden und mindestens 2 Stunden ziehen lassen.

Tipp: Diese Käse sind Frischkäse und sollten bald verbraucht werden. Sie halten im Kühlschrank nur 2–3 Tage.

Powidl – aus getrockneten Früchten

**Zubereitung: 10 Minuten plus
6 Stunden zum Einweichen
Für 1 Glas à 500 ml**

Zutaten

250 g Trockenpflaumen,
6 Stunden in 200 ml Wasser
eingeweicht | Saft und etwas
abgeriebene Schale von 1 Bio-
Orange | 1 Msp. gemahlene
Nelken | 30 ml Agavendicksaft

▌ Die eingeweichten Pflaumen mit der Einweichflüssigkeit, dem Orangensaft und der Orangenschale, dem Nelkenpulver und dem Agavendicksaft im Mixer pürieren.

Tipp: Diese Methode funktioniert mit allen Trockenfrüchten wie getrockneten Aprikosen, Feigen oder Datteln. Die Menge des Agavendicksafts ist relativ gering, da die Trockenfrüchte meist viel natürliche Süße besitzen. Mus aus getrockneten Früchten hält im Kühlschrank etwa 1 Woche.

Aprikosenkonfitüre – aus mehligen Früchten

**Zubereitung: 25 Minuten
Für 1 Glas à 500 ml**

Zutaten

300 g Aprikosen
Saft und etwas abgeriebene
Schale von ½ Bio-Orange
80 ml Agavendicksaft
1 Msp. Sternanispulver
(ersatzweise Zimt)

▌ Die Aprikosen waschen, entsteinen und in kleine Würfel schneiden. Ein Drittel der Aprikosenstücke im Mixer mit dem Orangensaft und dem Agavendicksaft pürieren und durch ein feines Sieb passieren.

▌ Die übrigen Aprikosenstücke in eine große Schüssel füllen, die Orangenschale und das Sternanispulver dazugeben. Etwas von dem Aprikosenpüree zufügen und mit einem Schneebesen verrühren. Unter Rühren das restliche Aprikosenpüree unterarbeiten. Etwa 10 Minuten rühren, bis eine sämige, glänzende Konfitüre entsteht.

Tipp: Diese Methode funktioniert mit allen mehligen oder festeren Früchten wie Pfirsiche, Ananas, Feigen oder Kiwi. Dabei bleiben die Vitamine, die intensive Farbe und das frische Aroma erhalten – viel besser als bei gekochter Konfitüre. Allerdings können roh gerührte Konfitüren nur 2 Tage im Kühlschrank aufbewahrt werden.

Erdbeerkonfitüre – aus saftigen Früchten

**Zubereitung: 25 Minuten
Für 1 Glas à 500 ml**

Zutaten

250 g reife Erdbeeren
½ Vanilleschote
Saft und etwas abgeriebene
Schale von ½ Bio-Zitrone
80 ml Agavendicksaft

▌ Die Erdbeeren waschen, putzen und in kleine Würfel schneiden. Die Vanilleschote längs aufschneiden und das Mark herausschaben. Die Erdbeerstücke in eine ausreichend große Schüssel füllen, das Vanillemark, Zitronensaft und -schale dazugeben. Etwas von dem Agavendicksaft hinzufügen und mit einem Schneebesen verrühren. Unter Rühren den Agavendicksaft nach und nach dazugeben. Etwa 10 Minuten rühren, bis eine sämige, glänzende Konfitüre entsteht.

Tipp: Hier eignen sich alle saftigen Beerenfrüchte wie Himbeeren, Brombeeren, Johannisbeeren, Stachelbeeren oder Blaubeeren.

Holunderbeer-Mandel-Milch

Zubereitung: 25 Minuten
Für 4 Personen

Zutaten

200 g Holunderbeeren (frisch
oder tiefgekühlt)
1 Zimtstange | 500 ml Wasser
60 ml Agavendicksaft
Saft von 2 Bio-Orangen
2 EL helles Mandelmus
Eiswürfel

▌ Die Holunderbeeren mit der Zimtstange und dem Agavendicksaft aufkochen, dann abkühlen lassen und die Zimtstange entfernen. Die gekochten Holunderbeeren, den Orangensaft, das Mandelmus und das Wasser im Mixer pürieren und durch ein feines Sieb passieren. Auf Eiswürfeln servieren.

Tipp: Wenn Sie keine Holunderbeeren zur Hand haben, können Sie auch Holundersaft aus der Flasche verwenden. Je nach dessen Geschmack brauchen Sie eventuell etwas weniger Agavendicksaft.

Ananas-Bananen-Shake mit Ringelblumen

Zubereitung: 10 Minuten
Für 4 Personen

Zutaten

1 Banane | 300 ml Wasser
1 Stück Ananas (etwa 250 g)
½ Vanilleschote
Saft von 2 Bio-Orangen
50 ml Agavendicksaft
1 EL helles Mandelmus
6 Ringelblumenblüten, Blüten-
blätter abgezupft | Eiswürfel

▌ Die Banane und die Ananas schälen und in grobe Stücke schneiden. Die Vanilleschote längs aufschneiden und das Mark herausschaben. Die Bananen- und Ananasstücke, das Vanillemark, den Orangensaft, den Agavendicksaft, das Mandelmus, die Ringelblumenblütenblätter und das Wasser im Mixer pürieren und durch ein feines Sieb passieren. Auf Eiswürfeln servieren.

Tipp: Frische Ringelblumen verleihen dem Getränk ein besonderes Aroma, können jedoch durch getrocknete Blüten ersetzt werden. Eine interessante Variante mit fruchtiger Schärfe entsteht, wenn Sie anstelle der (frischen oder getrockneten) Ringelblumenblüten ein kleines Stück frischen Ingwer verwenden.

Himbeer-Vanille-Smoothie

Zubereitung: 10 Minuten
Für 4 Personen

Zutaten

250 g Himbeeren (frisch oder
tiefgekühlt) | ½ Vanilleschote
½ Bio-Zitrone | 600 ml Wasser
40 ml Agavendicksaft | 1 EL
helles Mandelmus | Eiswürfel

▌ Die Zitrone schälen und halbieren. Die Vanilleschote längs aufschneiden und das Mark herausschaben. Die Himbeeren, die Zitrone, das Vanillemark, den Agavendicksaft, das Mandelmus und das Wasser im Mixer pürieren und durch ein feines Sieb passieren. Auf Eiswürfeln servieren.

Tipp: Die Zitrone verleiht nicht nur Frische und Geschmack, sondern intensiviert in diesem Getränk auch die Farbe. Falls Sie gefrorene Himbeeren verwenden, sind die Eiswürfel nicht nötig.

Apfel-Hibiskus-Tee

**Zubereitung: 15 Minuten plus
30 Minuten zum Ziehen
Für 4 Personen**

Zutaten

2 Äpfel
½ Bio-Zitrone
1 l Wasser
1 EL getrocknete Hibiskusblüten
½ Zimtstange
50 ml Agavendicksaft

▐ Die Äpfel waschen und mit der Schale und dem Kerngehäuse in grobe Stücke schneiden. Die Zitrone mit der Schale in Scheiben schneiden. Das Wasser in einem ausreichend großen Topf erhitzen, die Äpfel, die Zitronenscheiben, die Hibiskusblüten und die Zimtstange hineingeben und einmal aufkochen. Auf kleiner Flamme 30 Minuten ziehen lassen. Den Tee mit Agavendicksaft nach Geschmack süßen und durch ein Sieb abseihen. Heiß oder gekühlt servieren.

Tipp: Sie können anstelle von Äpfeln auch Birnen verwenden. Sehr fein!

Pimpernelledrink

**Zubereitung: 10 Minuten
Für 4 Personen**

Zutaten

1 Bund Pimpernelle (Kleiner
Wiesenknopf)
1 Bio-Zitrone
750 ml stilles Wasser
30 ml Agavendicksaft
Eiswürfel

▐ Die Pimpernelle waschen, trocknen und grob schneiden. Die Zitrone schälen und vierteln. Beides zusammen mit dem Wasser und dem Agavendicksaft im Mixer pürieren. Durch ein feines Sieb passieren.
▐ Auf Eis servieren.

Tipp: Der Geschmack der Pimpernelle ist nussig und ganz besonders erfrischend. Der Drink ist schaumig und grasgrün und sollte unmittelbar nach dem Zubereiten serviert werden.

Vorspeisen

Vor allem kleine Gerichte leben von *liebevollen Details* und der Aufmerksamkeit, die man ihnen schenkt und die sie dann zu etwas ganz Besonderem machen.

Für viele Suppen und Saucen ist Gemüsefond eine wunderbare, *aromatische Basiszutat*. Es lohnt sich, Gemüsefond auf Vorrat herzustellen und einzufrieren, dann hat man immer etwas davon zur Hand.

Thaisalat-Wraps mit pikantem Bananen-Curry-Dip

Zubereitung: 35 Minuten
Für 4 Personen

Zutaten

1 kleiner Chinakohl (etwa 300 g)
¼ kleiner Butternuss- oder Hokkaidokürbis
1 Karotte | 1 kleiner Brokkoli (etwa 200 g)
10 g Cashewkerne
1 Knoblauchzehe, geschält, Keim entfernt
und zerdrückt
½ Bund Korianderblätter, abgezupft
6 Kapuzinerkresseblüten, Blütenblätter
abgezupft (ersatzweise Kresse)
½ Bund Frühlingszwiebeln
10 g frisch geriebener Ingwer
1 EL Sojasauce (z. B. Tamari)
Saft und etwas abgeriebene Schale von
2 Bio-Limetten | 3 EL Sesamöl

Für den Dip
1 Banane | ½ kleine Chilischote
Saft von 1 Bio-Orange
1 EL Sesammus (oder Mandelmus)
1 EL Madras-Curry | 1 TL Agavendicksaft
Salz | 1 TL schwarzer Sesam
1 TL heller Sesam

▌ Zwölf äußere Blätter des Chinakohls entfernen und für die Wraps zum Einwickeln beiseitelegen. Den restlichen Chinakohl für die Füllung in feine Streifen schneiden.

▌ Bei Verwendung eines Butternusskürbisses Schale und Kerne entfernen, den Hokkaidokürbis nur entkernen. Den Kürbis mit einem Sparschäler in Streifen hobeln. Die Karotte waschen und in dünne Stifte schneiden (zum Beispiel mit der Röstiraffel). Den Strunk vom Brokkoli abtrennen (aufheben, kann für einen Gemüsefond verwendet werden). Den Brokkoli in Röschen zerteilen und diese in dünne Scheiben schneiden. Die Cashewkerne grob hacken. Alle Zutaten mit dem Knoblauch, den Korianderblättern und den Kapuzinerkresseblüten mischen.

▌ Die Frühlingszwiebeln putzen und zwölf lange grüne Halme beiseitelegen zum Einwickeln.

▌ Die restlichen Frühlingszwiebeln in feine Ringe schneiden und zur Füllung geben. Die Füllung abschmecken mit geriebenem Ingwer, Sojasauce, dem Saft von einer Limette und dem Sesamöl. Wichtig: Die Füllung nur sparsam mit Dressing benetzen, da noch ein Dip dazukommt.

▌ Die Frühlingszwiebelhalme mit dem Rücken eines Küchenmessers glatt streichen, dabei werden sie geschmeidig. Die Chinakohlblätter mit einem Nudelholz glätten.

▌ In jedes Chinakohlblatt zwei Esslöffel Füllung einrollen und mit je einem Frühlingszwiebelhalm festbinden.

▌ Für den Dip die Banane schälen, die Chilischote von den Samen befreien. Beides zusammen mit dem Saft und der Schale der zweiten Limette, dem Orangensaft, dem Sesammus, dem Curry und dem Agavendicksaft im Mixer pürieren. Mit Salz abschmecken und in Portionsschälchen zum Dippen füllen. Mit schwarzem und hellem Sesam bestreuen.

Tipp: Anstelle von Chinakohl können Sie auch Pak-Choi oder jungen Wirsing verwenden. Beim Wirsing die Hauptrispe entfernen, beim Pak-Choi die grünen Blätter zum Einwickeln verwenden, den weißen Stiel für die Füllung fein hacken.

Fenchel-Apfel-Salat mit Mohn

Zubereitung: 15 Minuten
Für 4 Personen

Zutaten

2 mittelgroße Fenchel
1 Apfel
4 EL Apfelessig
1 TL Apfeldicksaft
6 EL Mohnöl
1 EL Blaumohn
15 g gekeimte Cashewkerne
etwas frisch geriebene Muskatnuss
Salz
Pfeffer

▌ Die Fenchel putzen und das Fenchelgrün zur Dekoration beiseitelegen. Die Knollen halbieren, den Strunk entfernen. Dann die Fenchel quer in hauchdünne Scheiben hobeln.

▌ Den Apfel vierteln und das Kerngehäuse entfernen. Die Apfelviertel in dünne Spalten schneiden. Apfelessig, Apfeldicksaft und Mohnöl zu einer Vinaigrette rühren und mit Salz und Pfeffer abschmecken. Den Fenchel, die Apfelspalten, den Mohn und die Cashewkerne mit der Vinaigrette mischen. Den Salat auf vier Vorspeisentellern anrichten und mit etwas frisch geriebener Muskatnuss bestreuen. Das Fenchelgrün zerkleinern und darüberstreuen.

Variante: Anstelle von Mohnöl können Sie auch Traubenkernöl oder Sonnenblumenöl verwenden.

Tipp: Je dünner der Fenchel geschnitten ist, umso feiner ist dieser Salat. Am besten verwenden Sie einen Gurkenhobel oder eine Mandoline dafür.

Cocktailtomaten mit würzigem Quinoasalat

Zubereitung: 20 Minuten
Für 4 Personen

Zutaten

20 Cocktailtomaten
30 g gekeimtes Quinoa
je ¼ rote und gelbe Paprikaschote
½ Bund glatte Petersilie, Blätter abgezupft
½ Bund Minze, Blätter abgezupft
Saft von 1 Bio-Zitrone
5 EL Olivenöl
Salz
Pfeffer

▌ Am Stielende der Cocktailtomaten einen Deckel abschneiden. Die Unterseite eventuell etwas begradigen, damit die Tomaten stehen. Die Kerne vorsichtig mit einem Parisienne-Ausstecher oder kleinen Löffel herausnehmen und für die Marinade beiseitelegen.

▌ Das gekeimte Quinoa in einem Sieb unter fließendem Wasser gut spülen und abtropfen lassen. Die Samen und Scheidewände der Paprikaschoten entfernen, das Fruchtfleisch in kleine Würfel schneiden. Petersilie und Minze fein hacken.

▌ Zitronensaft, Olivenöl und die Tomatenkerne im Mixer fein pürieren, mit Salz und Pfeffer abschmecken.

▌ Das Dressing mit dem Quinoa, den Paprikawürfeln und den gehackten Kräutern mischen. Den Salat in die Tomaten füllen und die Deckel wieder aufsetzen.

Tipp: Die kleinen gefüllten Tomaten sind tolles Fingerfood und lassen sich wunderbar vorbereiten. Der Quinoasalat schmeckt noch besser, wenn er etwas durchziehen kann.

Schon gewusst? Quinoa, auch Inkareis genannt, stammt aus Südamerika und dient den Andenvölkern schon seit Jahrtausenden als Grundnahrungsmittel. In den kleinen Körnern stecken reichlich Mineralstoffe und wertvolles Eiweiß.

Gebratener Gemüsesalat mit Oliven

Zubereitung: 20 Minuten
Für 4 Personen

Zutaten

1 Bund Frühlingszwiebeln
4 kleine grüne Paprikaschoten
4 Knoblauchzehen
1 Zucchini
1 Bio-Zitrone
je ½ Bund Thymian und Rosmarin, Blätter
abgezupft
15 g schwarze Oliven, entsteint
6 EL Olivenöl
16 Kirschtomaten
Salz
Pfeffer

▌ Die Frühlingszwiebeln putzen und in zwei Zentimeter lange Stücke schneiden. Die Paprikaschoten vierteln, die Samen und Scheidewände entfernen. Den Knoblauch schälen und halbieren. Die Zucchini putzen und in Scheiben schneiden. Die Zitrone mit der Schale in Scheiben schneiden.

▌ Frühlingszwiebeln, Paprikastücke, Knoblauch, Zucchini, Zitronenscheiben, Kräuter und Oliven 5 Minuten im Olivenöl anschwitzen. Die Kirschtomaten halbieren, dazugeben und weitere 2 Minuten mitbraten.

▌ Den Salat mit Salz und Pfeffer abschmecken und warm servieren.

Scharfer Krautsalat in Roggen-Gewürz-Cones

Zubereitung: 20 Minuten plus 10 Minuten
zum Ziehen
Für 4 Personen

Zutaten

200 g Weißkohl
1 Karotte
1 kleine weiße Zwiebel
1 kleine rote Chilischote
1 Knoblauchzehe
½ Bund Dill, Blätter abgezupft
Saft von 1 Bio-Limette
5 EL Leindotteröl
Salz

Außerdem
12 sonnengetrocknete Roggen-Gewürz-
Cones (siehe Seite 20)

▌Den Weißkohl und die Karotte putzen, die Zwiebel schälen. Die Samen der Chilischote entfernen. Alles in feine Streifen schneiden.

▌Den Knoblauch schälen, vom Keim befreien und zerdrücken, dann mit den Gemüsestreifen, dem Dill, dem Limettensaft und dem Leindotteröl mischen und mit Salz abschmecken.

▌Den Salat mindestens 10 Minuten ziehen lassen. Überschüssige Flüssigkeit abgießen.

▌Den Salat vorsichtig in die Cones füllen und sofort servieren.

Hinweis: Sobald der Salat in die Cones gefüllt ist, muss er sofort serviert werden, da die in ihm enthaltene Feuchtigkeit die luftgetrockneten Cones aufweichen würde.

Jedoch können Sie die ungefüllten Cones sowie den fertig gewürzten Salat getrennt gut aufbewahren.

Gartensalat mit Quinoa und Hibiskus-Limetten-Dressing

Zubereitung: 15 Minuten plus 10 Minuten
zum Ziehen
Für 4 Personen

Zutaten

200 g Salat (z.B. Kopfsalat, Lollo, Feldsalat,
Romanasalat, Blutampfer, Rucola)
6 grüne Spargel oder 1 junge Zucchini
1 Karotte
15 g gekeimtes Quinoa
Saft und etwas abgeriebene Schale von
2 Bio-Limetten
1 EL getrocknete Hibiskusblüten
1 EL Apfeldicksaft
6 EL Olivenöl
Salz
Pfeffer

▌ Den Salat putzen und waschen. Die Salatblätter in eine große Schüssel geben. Die unteren zwei Drittel des Spargels schälen. Die Karotte putzen und waschen. Den Spargel und die Karotte der Länge nach mit einem Sparschäler in dünne Scheiben schneiden. Zu den Salatblättern geben.

▌ Das Quinoa in einem Sieb unter fließendem Wasser gut spülen und abtropfen lassen.

▌ Aus Quinoa, Limettensaft und -schale, Hibiskusblüten, Apfeldicksaft und Olivenöl ein Dressing rühren, mit wenig Salz und Pfeffer abschmecken. Das Dressing 10 Minuten ziehen lassen.

▌ Den Salat mit dem Dressing locker mischen und sofort servieren.

Schon gewusst? Getrocknete Hibiskusblüten geben dem Dressing eine schöne rote Farbe und in Kombination mit Limette eine angenehme Säure. Deshalb lässt man das Dressing wie Tee einige Minuten ziehen.

Cäsarsalat
mit Mandeldressing

Zubereitung: 15 Minuten
Für 4 Personen

Zutaten

1 großer Kopf Romanasalat
10 g sonnengetrocknete Tomaten
½ Bund Frühlingszwiebeln (nur das Grün)
1 EL Kapern
2 EL Mandeln, geschält und eingeweicht
1 Bund Basilikum, Blätter abgezupft

Für das Dressing

½ Knoblauchzehe
Saft und etwas abgeriebene Schale von
1 Bio-Zitrone
Saft von 1 Bio-Orange
1 EL Mandelmus
2 EL weißer Balsamicoessig oder Apfelessig
2 TL Apfeldicksaft
1 TL Dijonsenf
4 EL Olivenöl
Salz
Pfeffer

▌ Die Salatblätter waschen, trocken schütteln und in kleine Stücke zupfen. In eine Salatschüssel geben. Die getrockneten Tomaten in Streifen, das Grün der Frühlingszwiebeln in Ringe schneiden. Zusammen mit den Kapern, ganzen Mandeln und Basilikumblättern zum Salat geben.

▌ Den Knoblauch schälen, vom Keim befreien und zerdrücken. Knoblauch, Zitronensaft und -schale, Orangensaft, Mandelmus, Balsamicoessig, Apfeldicksaft, Senf und Olivenöl in den Mixer geben und glatt pürieren. Mit Salz und Pfeffer abschmecken. Das Mandeldressing über den Salat gießen. Den Cäsarsalat locker mischen und sofort servieren.

Tipp: Das Mandeldressing schmeckt auch hervorragend zu allen anderen Salaten sowie zu rohem oder gekochtem Gemüse. Es hält sich ein paar Tage im Kühlschrank und kann gut auf Vorrat hergestellt werden.

Fenchelcarpaccio mit Salbei

Zubereitung: 15 Minuten plus 10
Minuten zum Ziehen
Für 4 Personen

Zutaten

4 mittelgroße Fenchel
1 Apfel
4 EL Apfelessig
1 TL Apfeldicksaft
6 EL Olivenöl
Salz | Pfeffer
1 EL Anissamen
20 Salbeiblätter

▌ Die Fenchel putzen, das Fenchelgrün für die Marinade beiseitelegen. Die Fenchelknollen längs halbieren. Von der Schnittfläche nach außen in hauchdünne Scheiben schneiden und auf vier Vorspeisentellern anrichten.

▌ Den Apfel vierteln und vom Kerngehäuse befreien. Die Apfelviertel in sehr kleine Würfel schneiden. Apfelessig, Apfeldicksaft und Olivenöl verrühren und mit Salz und Pfeffer abschmecken. Die Apfelwürfel mit der Vinaigrette mischen.

▌ In einer beschichteten Pfanne die Anissamen erwärmen, bis sie zu duften beginnen, aber nicht rösten. Die heißen Samen zur Vinaigrette geben und 10 Minuten ziehen lassen. Das Fenchelgrün fein hacken und zur Vinaigrette geben. Die Marinade über das Fenchelcarpaccio gießen und mit Salbeiblättern bestreuen.

Avocado-Rettich-Carpaccio mit Kapuzinerkressesalat

Zubereitung: 15 Minuten
Für 4 Personen
(Bild Seite 54)

Zutaten

200 g Schwarzer Rettich
200 g Avocado
je 12 kleine Kapuziner-
kresseblätter und -blüten
32 grüne Kapuziner-
kressesamen | 12 Tripmadam-
spitzen oder Portulakrosetten
3 Zweige Schnittsellerie,
Blätter abgezupft
4 EL Apfelessig | Pfeffer
1 TL Apfeldicksaft
6 EL Leindotteröl | Salz

▌ Den Rettich waschen und mit der Schale in hauchdünne Scheiben schneiden. Die Scheiben auf Vorspeisentellern anordnen. Die Avocado schälen, halbieren, den Stein entfernen und das Fruchtfleisch hauchdünn schneiden. Die Avocadoscheiben auf den Rettichscheiben anordnen.

▌ Die Kapuzinerkresseblätter und -blüten darauf anrichten. Die Kapuzinerkressesamen halbieren und zusammen mit der Tripmadam und dem Schnittsellerie über das Carpaccio streuen.

▌ Aus Apfelessig, Apfeldicksaft, Leindotteröl, Salz und Pfeffer eine Vinaigrette rühren und darüberträufeln. Das Gericht sofort servieren.

Tipp: Für dieses Gericht können Sie auch Würzkräuter wie Basilikum, Liebstöckel, Majoran, Dill oder Schnittlauch verwenden, falls Sie die hier angegebenen Zutaten nicht zur Hand haben.

Kürbis und Melone mit Orangen-Chili-Marinade

Zubereitung: 25 Minuten
Für 4 Personen

Zutaten

200 g Butternusskürbis
200 g Netzmelone
25 g gekeimte Sonnenblumenkerne
Saft und etwas abgeriebene Schale von
1 Bio-Orange
1 Msp. Chilipulver oder Cayennepfeffer
1 Msp. Kurkuma
2 EL Agavendicksaft
6 EL Olivenöl
Salz
1 kleines Bund Kerbel, Blätter abgezupft
1 TL roter Pfeffer

▮ Den Kürbis und die Melone schälen und entkernen. Beides mit einem breiten Sparschäler, einer Mandoline oder einer Aufschnittmaschine in hauchdünne Scheiben schneiden. Die Scheiben zu kleinen Trichtern rollen und abwechselnd auf vier Vorspeisentellern anordnen.

▮ Die gekeimten Sonnenblumenkerne in einem Sieb unter fließendem kaltem Wasser gründlich spülen und abtropfen lassen.

▮ Aus Orangensaft, Orangenschale, Chilipulver, Kurkuma, Agavendicksaft und Olivenöl mit dem Schneebesen eine Marinade rühren und mit Salz abschmecken. Die Kürbis- und Melonentrichter mit der Marinade benetzen und mit den Sonnenblumenkernen, den Kerbelblättern und den roten Pfefferkörnern bestreuen.

Rote-Bete-Carpaccio

Zubereitung: 15 Minuten
Für 4 Personen
(Bild Seite 55)

Zutaten

400 g Rote Bete, gekocht
1 Schalotte
1 kleiner Apfel
2 EL Kapernbeeren
10 g Meerrettichwurzel
Für die Vinaigrette
1 EL mittelscharfer Senf
1 EL Apfeldicksaft
2 EL Apfelessig
4 EL Leindotteröl oder
Traubenkernöl
Salz | Pfeffer
Außerdem
10 g gemischte Kräuter (z. B. Rucola, Dill,
Blutampfer, Majoran, Liebstöckel, Basilikum,
Kerbel, Petersilie), Blätter abgezupft

▮ Die Roten Beten schälen und mit der Mandoline in hauchdünne Scheiben schneiden. Die Rote-Bete-Scheiben auf vier Vorspeisentellern anrichten.

▮ Die Schalotte schälen und sehr fein würfeln. Den Apfel vom Kerngehäuse befreien und in sehr kleine Würfel schneiden. Die Kapernbeeren in Scheiben schneiden. Die Meerrettichwurzel putzen und schälen, dann fein raspeln. Alles über die Rote-Bete-Scheiben streuen.

▮ Für die Vinaigrette alle Zutaten verrühren und mit Salz und Pfeffer abschmecken. Das Carpaccio damit beträufeln. Die Kräuter darüberstreuen und sofort servieren.

Pilzterrine
mit Wurzelvinaigrette

**Zubereitung: 25 Minuten plus 2 Stunden
zum Kühlen**
Für 4 Personen

Zutaten

600 ml Gemüsefond
80 g Pfifferlinge (ersatzweise Austernpilze
oder Shiitakepilze)
1 gestrichener TL Agar-Agar-Pulver
1 EL Sojasauce
Salz
Pfeffer

Für die Vinaigrette
1 kleine Karotte
1 kleine Petersilienwurzel
1 Schalotte
4 EL Olivenöl
3 EL Apfelessig
1 TL Apfeldicksaft

▌ Den Gemüsefond zum Kochen bringen. Die ganzen Pilze und das Agar-Agar hineingeben und 10 Minuten darin garen. Mit Sojasauce, Salz und Pfeffer abschmecken. Vier Förmchen mit Klarsichtfolie auskleiden und die Pilzmasse einfüllen. 2 Stunden kühl stellen.

▌ Die Karotte und Petersilienwurzel putzen, die Schalotte schälen. Alles in kleine Würfel schneiden und im Olivenöl 2 Minuten glasig anbraten. Vom Herd nehmen und mit Apfelessig, Apfeldicksaft, Salz und Pfeffer abschmecken.

▌ Die erkalteten Pilzgelees aus den Förmchen stürzen, die Folie abziehen und die Pilzterrine mit der warmen Vinaigrette übergießen.

Tipp: Die Pilzterrine lässt sich sehr gut vorbereiten und ist ideal, wenn man Gäste erwartet.

Mediterrane Terrine aus Sommergemüse

Zubereitung: 50 Minuten plus 12 Stunden zum Kühlen
Für 4 Personen

Zutaten

je 1 rote und gelbe Paprikaschote
1 Aubergine
1 Zucchini
1 Knoblauchzehe
4 Zweige Rosmarin
8 EL Olivenöl
etwas abgeriebene Schale von 1 Bio-Zitrone
Salz
Pfeffer

▌ Die Paprikaschoten halbieren und Samen und Scheidewände entfernen. Dann die Schoten im vorgeheizten Backofen bei 200 °C 30 Minuten backen. Die Paprikaschoten zum Abkühlen in einen Plastikbeutel geben, anschließend die Haut abziehen.

▌ Die Aubergine und Zucchini putzen und längs in dünne Scheiben schneiden. Den Knoblauch schälen, vom Keim befreien und zerdrücken. Die Rosmarinnadeln abstreifen und zusammen mit dem Knoblauch auf einem Backblech verteilen.

▌ Paprika, Aubergine und Zucchini dazugeben und mit dem Olivenöl beträufeln. Das Gemüse bei 200 °C 10 Minuten backen, dann abkühlen lassen.

▌ Eine Schüssel (etwa 18 cm Durchmesser) mit Klarsichtfolie auskleiden. Das Gemüse lagenweise einfüllen, jede Schicht leicht salzen und pfeffern und etwas Zitronenschale darüberreiben. Zum Schluss fest andrücken, die Gemüseterrine mit Klarsichtfolie bedecken und beschweren. Mindestens 12 Stunden kühl stellen.

▌ Die Terrine aus der Form stürzen, die Folie abziehen und das Gericht mit einem scharfen Messer portionieren.

▌ Nach Belieben mit Rosmarinzweigen dekorieren und mit Baguette servieren.

Tipp: Dieses Gericht muss gut vorbereitet werden. Die lange Ruhezeit ist wichtig, damit sich die Terrine gut schneiden lässt und die einzelnen Schichten sich nicht voneinander trennen.

Rohe Gemüsekanapees

Zubereitung: 40 Minuten
Für 4 Personen

Zutaten

Für die Kürbiskanapees
200 g Butternusskürbis
25 g gekeimte Kichererbsen
5 Zweige glatte Petersilie, Blätter abgezupft
1 kleine mittelscharfe Chilischote
1 Knoblauchzehe
Saft von ½ Bio-Zitrone
1 EL helles Mandelmus
1 TL Madras-Curry
Salz
Borretschblüten und junge Kapuzinerkresseblätter für die Dekoration (nach Belieben)

Für die Rettichkanapees
200 g Bierrettich
15 g gekeimtes rotes Quinoa
15 g gekeimte Sonnenblumenkerne
1 Avocado
Saft von ½ Bio-Zitrone
1 EL Hefeflocken
Salz
Pfeffer
2 getrocknete Tomaten

▌ Für die Kürbiskanapees den Kürbis schälen und entkernen. In fünf Millimeter dicke Scheiben schneiden, dann runde Formen ausstechen (3–4 cm Durchmesser).

▌ Die Kichererbsen in einem Sieb unter fließendem kaltem Wasser gründlich waschen und abtropfen lassen, dann hacken. Die Petersilie fein hacken. Die

Samen der Chilischote entfernen, dann die Chili in sehr kleine Würfel schneiden. Etwas Chili für die Dekoration beiseitelegen. Den Knoblauch schälen, vom Keim befreien und zerdrücken. Kichererbsen, Petersilie, Chili, Knoblauch, Zitronensaft, Mandelmus und Curry mischen und mit Salz abschmecken. Kleine Häufchen der Masse auf die ausgestochenen Kürbisstücke setzen und mit Chili, Borretschblüten und Kapuzinerkresseblättern verzieren.

▌ Für die Rettichkanapees den Rettich putzen, in fünf Millimeter dicke Scheiben schneiden, dann runde Formen ausstechen (3–4 cm Durchmesser).

▌ Das Quinoa und die Sonnenblumenkerne in einem Sieb unter fließendem kaltem Wasser gründlich waschen und abtropfen lassen.

▌ Die Avocado halbieren, den Stein entfernen und das Fruchtfleisch aus den Schalenhälften lösen. Das Avocadofleisch mit der Gabel fein zerdrücken und mit Zitronensaft und Hefeflocken mischen. Mit Salz und Pfeffer abschmecken. Kleine Häufchen der Masse auf die ausgestochenen Rettichstücke setzen.

▌ Die getrockneten Tomaten in sehr kleine Würfel schneiden und zusammen mit dem Quinoa und den Sonnenblumenkernen auf die Avocadomasse geben.

Tipp: Dieses Grundrezept der rohen Kanapees funktioniert mit allerlei rohen Gemüsesorten wie zum Beispiel Radieschen, Karotten oder Paprika. Für die Dekoration können anstelle von Borretschblüten, je nach Verfügbarkeit, allerlei Kräuter oder essbare Blüten verwendet werden.

Tomatenessenz mit Klößchen und Kapernbeeren

Zubereitung: 20 Minuten plus 1 – 2 Stunden zum Passieren
Für 4 Personen

Zutaten

500 g reife Tomaten
1 Knoblauchzehe
1 rote Chilischote
1 EL Agavendicksaft
1 TL Balsamicoessig
500 ml Wasser
Salz
1 Bund Basilikum, gewaschen

Außerdem
4 Kapernbeeren
4 Basilikumblätter

▌ Mit einem spitzen Messer den Stielansatz der Tomaten entfernen, das Fruchtfleisch in grobe Stücke schneiden. Den Knoblauch schälen, vom Keim befreien und zerdrücken. Die Samen der Chilischote entfernen. Tomatenstücke, Knoblauch, Chili, Agavendicksaft und Balsamicoessig zusammen mit dem Wasser pürieren. Durch ein feines Sieb passieren. Die Flüssigkeit mit Salz abschmecken.

▌ Ein Sieb mit einem doppelten Passiertuch oder einem doppelten Kaffeefilter auslegen, in ein ausreichend großes Gefäß, in das man das Bund Basilikum hineinlegt, hängen und die bereits einmal durchpassierte Flüssigkeit vorsichtig hineingießen. Stehen lassen. Die klare Tomatenflüssigkeit tropft langsam ab und das rote Püree bleibt im Tuch. Das kann 1 – 2 Stunden dauern. Keinesfalls rütteln oder umrühren, sonst bleibt die Essenz nicht klar. Das Basilikum bleibt bis zum Servieren in der Essenz und aromatisiert die Flüssigkeit. Vor dem Servieren herausnehmen.

▌ Zum Anrichten die Tomatenessenz auf vier Suppentassen verteilen und je eine Kapernbeere und ein Basilikumblatt hineingeben. Mit zwei Teelöffeln Nocken aus der Tomatenpüreemasse formen und diese vorsichtig in die Tassen gleiten lassen.

Steinpilzessenz

Zubereitung: 50 Minuten
Für 4 Personen

Zutaten

750 ml Gemüsefond
150 g Steinpilze
1 Stück Knollensellerie (etwa 200 g)
1 Lorbeerblatt
½ Bund Petersilie, gewaschen
1 EL Agavendicksaft
1 EL Sojasauce
Salz
Pfeffer

Außerdem
1 kleiner, fester Steinpilz
2 EL Olivenöl

▌ Den Gemüsefond zum Kochen bringen. Inzwischen die Steinpilze und den Sellerie putzen und in grobe Stücke schneiden. Dann zusammen mit dem Lorbeerblatt und der Petersilie in den kochenden Gemüsefond geben und in 35 Minuten unter dem Siedepunkt gar ziehen lassen. Mit Agavendicksaft, Sojasauce, Salz und Pfeffer abschmecken. Kurz vor dem Servieren die Essenz durch ein Sieb abseihen.

▌ Den kleinen Steinpilz putzen und in Scheiben schneiden. Die Steinpilzscheiben 3–4 Minuten im Olivenöl schmoren. Mit Salz und Pfeffer würzen.

▌ Die Pilzscheiben auf vier vorgewärmte Suppenteller verteilen, die Essenz darübergießen.

Tipp: Diese Essenz können Sie auch mit Shiitakepilzen oder Champignons zubereiten.

Zwei-Melonen-Gazpacho mit Arganöl

Zubereitung: 25 Minuten
Für 4 Personen

Zutaten

200 g Cantaloupemelone
300 g Honigmelone
500 ml Gemüsefond
4 EL Arganöl
Salz
Pfeffer

Für die Dekoration
½ Bund Ysop, Blätter und Blüten abgezupft
etwas abgeriebene Schale von 1 Bio-Zitrone

▌ Die Melonen schälen und die Kerne entfernen. Das Fruchtfleisch in Stücke schneiden. Die Cantaloupemelone mit der Hälfte des Gemüsefonds und zwei Esslöffeln Arganöl im Mixer pürieren. Ebenso mit der Honigmelone sowie dem restlichen Gemüsefond und Arganöl verfahren.

▌ Beide Suppen mit Salz und Pfeffer würzen. Die Suppen gleichzeitig in Suppenschalen gießen und mit dem Ysop und der Zitronenschale verzieren. Gekühlt servieren.

Tipp: Anstelle von Ysop passen auch Kerbel oder Estragon. Alle diese Kräuter haben ein ausgeprägtes Aroma und ergänzen den mild-fruchtigen Geschmack der Melonen.

Gurken-Sellerie-Süppchen mit Tomatencrostini

Zubereitung: 20 Minuten
Für 4 Personen

Zutaten

Für das Süppchen
2 gelbe Tomaten oder 10 gelbe Cocktailtomaten
1 Gurke (etwa 400 g)
1–2 Stangen Sellerie (etwa 250 g)
300 ml Wasser
2 EL Olivenöl
Salz
roter Pfeffer

Für die Crostini
4 Tomatencracker (siehe Seite 20)
2 schwarze Oliven, entsteint
1 Tomate
1 milde grüne Chilischote
1 milde rote Chilischote
2 Zweige Basilikum, rot (Bild) oder grün

Für die Dekoration
etwas Olivenöl
einige getrocknete Tomaten
roter Pfeffer

▌ Mit einem spitzen Messer die Stielansätze der Tomaten entfernen, das Fruchtfleisch grob zerkleinern. Die Gurke und den Sellerie in grobe Stücke schneiden. Für das Süppchen die Tomaten-, Gurken- und Selleriestücke zusammen mit dem Wasser und dem Olivenöl im Mixer pürieren. Die Suppe durch ein mittelfeines Sieb passieren und mit Salz und Pfeffer abschmecken. In vier Tassen oder Suppenteller füllen.

▌ Für die Crostini die Oliven in Streifen schneiden. Die Tomate vom Stielansatz befreien und in vier Scheiben schneiden. Die Samen der Chilischoten entfernen, die rote Schote sehr klein würfeln, die grüne Schote in Ringe schneiden.

▌ Jeden Tomatencracker mit einer Tomatenscheibe belegen und mit Oliven, Chili und abgezupften Basilikumblättern garnieren.

▌ Die Suppe mit etwas Olivenöl beträufeln. Die getrockneten Tomaten hacken und zusammen mit etwas rotem Pfeffer darüberstreuen.

Blaukrautsuppe mit Sojamilchschaum

Zubereitung: 40 Minuten
Für 4 Personen

Zutaten

300 g Blaukraut
750 ml Gemüsefond
1 kleiner Apfel
1 kleine Zwiebel
1 Lorbeerblatt
4 Nelken
1 EL Apfelessig
Salz
Pfeffer

Für den Milchschaum
125 ml Sojamilch
frisch geriebene Muskatnuss

▌ Den Gemüsefond zum Kochen bringen. Inzwischen das Blaukraut putzen und in grobe Stücke schneiden. Den Apfel vom Kerngehäuse befreien und das Fruchtfleisch grob würfeln. Die Zwiebel schälen. Das Lorbeerblatt mit den Nelken auf der Zwiebel feststecken und zusammen mit dem Blaukraut und dem Apfel in den Gemüsefond geben. Zugedeckt bei kleiner Flamme 20 Minuten köcheln lassen.

▌ Die gespickte Zwiebel herausnehmen und die Suppe im Mixer fein pürieren. Mit Apfelessig, Salz und Pfeffer abschmecken. Die Suppe in vier Tassen füllen.

▌ Die Sojamilch erhitzen und leicht salzen. Die Milch mit einem Milchschäumer oder einem sehr kleinen Schneebesen aufschäumen. Den Milchschaum auf die Suppe geben und mit etwas Muskatnuss bestreuen.

Rote Paprikasuppe
mit Räuchertofu und Erbsen

Zubereitung: 45 Minuten
Für 4 Personen

Zutaten

2 rote Paprikaschoten
2 Karotten
2 Schalotten
1 Knoblauchzehe
2 EL Salbeiöl oder Olivenöl
750 ml Gemüsefond
Salz
Pfeffer

Für die Suppeneinlage
50 g Räuchertofu
2 EL Erbsen (frisch oder tiefgekühlt)
4 EL Salbeiöl
2 Zweige Ysop, Blätter abgezupft

▌ Von den Paprikaschoten die Samen und Scheidewände entfernen, das Fruchtfleisch in Stücke schneiden. Die Karotten putzen und in Scheiben schneiden. Die Schalotten schälen und grob hacken. Den Knoblauch schälen, vom Keim befreien und zerdrücken.

▌ Paprikaschoten, Karotten, Schalotten und Knoblauch im Salbeiöl anschwitzen und mit dem Gemüsefond aufgießen. Das Gemüse zugedeckt bei kleiner Flamme 20 Minuten köcheln lassen. Sobald das Gemüse weich ist, die Suppe im Mixer pürieren und durch ein feines Sieb passieren. Mit Salz und Pfeffer abschmecken.

▌ Für die Suppeneinlage den Räuchertofu in kleine Würfel schneiden. Die Tofuwürfel und die Erbsen in drei Esslöffeln Salbeiöl kurz anschwitzen.

▌ Die Suppe in tiefe Teller oder in Suppentässchen füllen und mit der Räuchertofu-Erbsen-Mischung und dem restlichen Salbeiöl verzieren. Den Ysop darüberstreuen.

Hauptspeisen

Vegane und rohe Gerichte sind nicht nur als kleine Snacks geeignet, sondern erlauben auch die *wunderbarsten Kreationen* für die tägliche Ernährung. Ob als warmes Mittagessen oder kaltes Abendbrot, für jeden Tag oder für die Bewirtung von Gästen – diese Rezepte sind *einfach köstlich.* Und dabei noch gesund! Was will man mehr?

Grüner Spargel mit Avocado-Tomaten-Salsa

Zubereitung: 35 Minuten
Für 4 Personen

Zutaten

Für die Salsa
½ rote Paprikaschote
1 Avocado
2 Tomaten
1 TL weißer Balsamicoessig oder Apfelessig
1 EL Olivenöl
Salz

Für die Orangenmayonnaise
4 EL helles Mandelmus
Saft und etwas abgeriebene Schale von
1 Bio-Orange
1 TL Agavendicksaft
2 EL crushed Ice
1 Msp. Cayennepfeffer

Außerdem
10 g Kerbelblätter

▌ Für die Salsa die Samen und Scheidewände der Paprikaschote entfernen, die Paprika in sehr kleine Würfel schneiden. Die Avocado halbieren, den Stein entfernen und das Fruchtfleisch mit einem Löffel aus den Schalenhälften heben. Das Avocadofleisch in kleine Würfel schneiden. Die Tomaten vierteln, den Stielansatz entfernen, das Fruchtfleisch ebenfalls fein würfeln. Alle Würfel mit Balsamicoessig und Olivenöl mischen und mit etwas Salz abschmecken.

▌ Für die Mayonnaise alle Zutaten im Mixer glatt pürieren. Mit Salz und Cayennepfeffer abschmecken.

▌ Die unteren zwei Drittel des Spargels schälen. Dicke Spargelstangen längs halbieren, weniger dicke ganz lassen. Die Spargelstangen auf Tellern anrichten und mit der Salsa und der Mayonnaise übergießen. Mit Kerbelblättern verzieren und sofort servieren.

Tipp: Die Mayonnaise kann 2 Tage im Kühlschrank aufbewahrt werden und passt auch zu Salaten oder als Dip für Crudités.

Feine Artischockenhobel mit Pesto rosso und Oliven

Zubereitung: 25 Minuten
Für 4 Personen

Zutaten

2 Artischocken
Saft von 1 Bio-Zitrone
2 Frühlingszwiebeln
6 Kirschtomaten
2 EL schwarze Oliven, entsteint
4 EL Pesto rosso aus getrockneten Tomaten
(siehe Seite 24)
1 kleines Bund Kerbel, Blätter abgezupft
4 Zweige Thymian, Blätter abgezupft
2 EL gekeimte Cashewkerne
2 EL Olivenöl
Salz
Pfeffer

▌ Die Artischockenböden auslösen. Dazu den Stiel der Artischocken vom Kopf abbrechen. Der Stiel hat besonders bei großen Exemplaren besenartige Fäden, die bis in den Artischockenboden hineinreichen und so gründlich entfernt werden können. Die Artischocken am abgebrochenen Stielende begradigen. Die unteren Blätter abschneiden. Die Artischocken an den zähen Blattspitzen mit einem scharfen Sägemesser um etwa ein Drittel kürzen. So viel abschneiden, dass die violetten Innenblätter zu sehen sind. Vom Stielende zur Spitze hin die Böden freilegen. Dazu mit einem scharfen Sägemesser an

den Blattstrünken vorsichtig entlangschneiden, bis das Fruchtfleisch zu sehen ist. Die Unterseite der Artischockenböden ist fertig, wenn alle zähen Blattreste entfernt sind. Die Artischocken umdrehen und die Blätter an den Rändern mit einem kleinen scharfen Messer abtrennen. Dann die violetten Innenblätter lösen und das Artischockenheu freilegen. Das Heu mit dem Parisienne-Ausstecher aus der Mitte schaben. Die Artischockenböden unter fließendem Wasser abbrausen. Dann mit dem Sparschäler oder der Mandoline in feine Scheiben hobeln. Mit Zitronensaft beträufeln, damit sich die Scheiben nicht verfärben.

▌ Die Frühlingszwiebeln in feine Ringe schneiden. Die Kirschtomaten vierteln. Die Oliven sehr fein hacken und mit dem Pesto rosso mischen.

▌ Je einen großzügigen Löffel Pesto und einige Artischockenhobel auf vier Tellern anrichten und mit den Frühlingszwiebeln, Tomaten, Kräutern und den gekeimten Cashewkernen bestreuen. Mit etwas Olivenöl beträufeln, mit Salz und Pfeffer würzen.

Tipp: Ausgelöste Artischockenböden in Zitronenwasser aufbewahren, wenn sie nicht sofort verarbeitet werden, damit sie nicht braun werden.

Roh marinierter Zitronensellerie mit Chili-Tomaten-Schaum

Zubereitung: 35 Minuten
Für 4 Personen

Zutaten

1 Stück Knollensellerie (etwa 400 g)
Saft von 2 Bio-Zitronen
100 g gekeimte Kichererbsen
20 g frische Erbsen und Erbsenschoten
(ersatzweise Tiefkühlerbsen)
2 EL Salbeiöl (siehe Seite 27)
2 Tomaten
½ Chilischote
½ Knoblauchzehe
Salz

▌ Den Sellerie schälen und in hauchdünne Scheiben schneiden. Die Selleriescheiben in dem Zitronensaft einlegen und mit etwas Salz würzen.

▌ Die Kichererbsen gründlich spülen, in einem Sieb abtropfen lassen, dann grob hacken. Mit den Erbsen und den Erbsenschoten mischen, mit Salz und Salbeiöl abschmecken.

▌ Mit einem spitzen Messer den Stielansatz der Tomaten herausschneiden. Die Samen der Chilischote entfernen, den Knoblauch schälen, vom Keim befreien und zerdrücken.

▌ Eine Tomate vierteln, das Innere entfernen und das Tomatenfleisch klein würfeln. Die Tomatenwürfel zu den Kichererbsen geben.

▌ Das Tomateninnere und die zweite Tomate zusammen mit dem Knoblauch und der Chilischote im Mixer pürieren und durch ein feines Sieb passieren.

▌ Die Selleriescheiben abwechselnd mit der Kichererbsenmasse anrichten. Mit dem Chili-Tomaten-Schaum beträufeln und sofort servieren.

Rohe Zucchinilasagne mit Pesto rosso

Zubereitung: 20 Minuten
Für 4 Personen

Zutaten

2 mittelgroße Zucchini
4 EL Pesto rosso aus getrockneten Tomaten
(siehe Seite 24)
1 Bund Zitronenthymian, Blätter abgezupft
1 EL Salbeiöl (siehe Seite 27)

▐ Die Zucchini waschen, putzen und mithilfe von Gurkenhobel, Sparschäler, Aufschnittmaschine oder Mandoline längs in sehr dünne Scheiben schneiden.

▐ Die Zucchinischeiben dünn mit Pesto bestreichen und exakt aufeinanderlegen. Mit einem scharfen Messer in vier Zentimeter breite Portionsstücke schneiden und auf Tellern anrichten. Mit Thymian bestreuen und mit Salbeiöl beträufeln.

Tipp: Das Gericht kann gut vorbereitet werden – die Zucchinilasagne bleibt im Kühlschrank einige Stunden frisch.

Orangenpolenta mit Perlzwiebeln und Grünkohl

Zubereitung: 40 Minuten
Für 4 Personen

Zutaten

Für die Polenta
150 g Schnellkochpolenta
500 ml Orangensaft
4 EL Olivenöl

Für die Gemüsebeilage
12 Perlzwiebeln
2 Nelken
4 Lorbeerblätter
1 EL Agavendicksaft
2 EL Olivenöl
2 EL Balsamicoessig
150 g Grünkohl
frisch geriebene Muskatnuss
Salz
Pfeffer

▮ Den Orangensaft mit einer guten Prise Salz und dem Olivenöl zum Kochen bringen. Die Polenta langsam einrühren. Den Topfdeckel schließen und die Polenta auf kleiner Flamme 10 Minuten ausquellen lassen. Danach mit Salz abschmecken. Die Masse noch warm 1,5 Zentimeter hoch auf ein geöltes Blech streichen und auskühlen lassen. Die Polenta portionieren und kurz vor dem Servieren im Backofen bei 200 °C nochmals 5 Minuten erwärmen.

▮ Die geschälten Perlzwiebeln, die Nelken und die Lorbeerblätter mit dem Agavendicksaft und dem Olivenöl anschmoren. Mit dem Balsamicoessig ablöschen und bei kleiner Flamme 10 Minuten garen. Mit Salz und Pfeffer abschmecken.

▮ Den Grünkohl in einzelne Blätter zerteilen. In einen großen Topf so viel Wasser einfüllen, dass der eingehängte Dämpfeinsatz das Wasser nicht berührt. Das Wasser erhitzen, den Grünkohl in den Dämpfeinsatz legen und im Dampf 4 Minuten garen. Mit etwas Olivenöl beträufeln und mit Salz, Pfeffer und Muskatnuss würzen.

▮ Grünkohl und Zwiebelmischung mit der Polenta auf Tellern anrichten und servieren.

Tipp: Anstelle von Grünkohl können Sie auch Rosenkohl oder Brokkoli verwenden.

Sellerie-Pilz-Ravioli mit Tomatensugo

Zubereitung: 35 Minuten
Für 4 Personen

Zutaten

1 Stück Knollensellerie (etwa 400 g)
1 Zwiebel
300 g Tomaten
1 Knoblauchzehe
½ Bund Thymian, Blätter abgezupft
6 EL Olivenöl
1 EL Agavendicksaft
150 g Pfifferlinge
Salz
Pfeffer

Außerdem
2 Stängel krause Petersilie,
Blätter abgezupft

▎ Den Sellerie waschen und mit der Schale in hauchdünne Scheiben schneiden. Für dieses Gericht werden zwölf Scheiben benötigt. Die Selleriescheiben rund ausstechen (8–10 cm Durchmesser).

▎ In einen großen Topf so viel Wasser einfüllen, dass der eingehängte Dämpfeinsatz das Wasser nicht berührt. Das Wasser erhitzen, die Selleriescheiben in den Dämpfeinsatz legen und im Dampf 5 Minuten garen.

▎ Die Zwiebel schälen, den Stielansatz der Tomaten entfernen. Beides in Würfel schneiden. Den Knoblauch schälen, vom Keim befreien und zerdrücken. Zwiebel- und Tomatenwürfel, Knoblauch und Thymian in zwei Esslöffeln Olivenöl anbraten. Mit Agavendicksaft, Salz und Pfeffer würzen.

▎ Die Pilze putzen und klein schneiden. Im restlichen Olivenöl anbraten und 5 Minuten schmoren. Mit Salz und Pfeffer abschmecken.

▎ Die Selleriescheiben mit den Pilzen füllen: Dafür die Pilze auf die Selleriescheiben häufen und diese in der Mitte zusammenklappen. Mit dem Tomatensugo auf Tellern anrichten und mit etwas krauser Petersilie garnieren.

Steinpilze mit gebackenem Knoblauch

Zubereitung: 35 Minuten
Für 4 Personen

Zutaten

1 ganze Knoblauchknolle
250 g kleine, feste Steinpilze (ersatzweise Kräuterseitlinge)
6 EL Olivenöl
2 EL Apfeldicksaft
1 EL Balsamicoessig
2 EL Preiselbeeren
1 Bund krause Petersilie, Blätter abgezupft
Salz
Pfeffer

▌ Den Backofen auf 200 °C vorheizen. Die Knoblauchknolle im Ganzen auf ein Backblech legen und 30 Minuten backen. Abkühlen lassen. Die Knoblauchzehen aus den Schalen drücken und halbieren.

▌ Die Steinpilze putzen und halbieren. In einer beschichteten Pfanne das Olivenöl erhitzen und die Pilze darin auf beiden Seiten 3 Minuten braten. Den Apfeldicksaft, den Balsamicoessig und die Preiselbeeren dazugeben und nochmals 1 Minute schmoren. Mit Salz und Pfeffer abschmecken. Die halbierten Knoblauchzehen dazugeben und kurz durchschwenken. Die Pilze mit der Petersilie anrichten und warm servieren.

Tipps: Frische Steinpilze sind nicht immer verfügbar, doch dieses Rezept kann ebenso mit anderen festfleischigen Pilzen wie dem Kräuterseitling zubereitet werden.

Der gebackene Knoblauch schmeckt auch hervorragend zu gebratenem Gemüse oder als Brotaufstrich.

Gemüsegarten – Aubergine mit Rote-Bete-Hummus

Zubereitung: 35 Minuten
Für 4 Personen

Zutaten

1 große Aubergine
2 EL Olivenöl
Salz
Pfeffer

Für das Gewürzöl
1 Knoblauchzehe
1 TL Korianderkörner
½ TL Madras-Curry
4 EL Olivenöl
8 Salbeiblätter

Für den Belag
1 Karotte
12 Zuckerschoten
2 Stangen Sellerie
25 g Erbsen

Außerdem
1 Rezept Rote-Bete-Hummus (siehe Seite 21)
2 Calendulablüten, Blütenblätter abgezupft

❚ Die Aubergine längs in vier gleich dicke Scheiben schneiden. Im Olivenöl von beiden Seiten 2 Minuten braten, mit Salz und Pfeffer würzen. Warm stellen.

❚ Für das Gewürzöl den Knoblauch schälen, vom Keim befreien und zerdrücken. Den Knoblauch und die Gewürze im Olivenöl erwärmen. Die Salbeiblätter darin knusprig braten, aus dem Gewürzöl herausnehmen und auf Küchenpapier etwas trocknen lassen.

❚ Die Karotte putzen und längs in dünne Streifen schneiden. Die Zuckerschoten putzen. Vom Sellerie die harten Fasern abziehen, dann die Stangen in drei Zentimeter lange Stücke schneiden.

❚ In einen großen Topf so viel Wasser einfüllen, dass der eingehängte Dämpfeinsatz das Wasser nicht berührt. Das Wasser erhitzen, das Gemüse in den Dämpfeinsatz legen und im Dampf 3 Minuten garen.

❚ Den Rote-Bete-Hummus auf die Auberginenscheiben streichen. Das gegarte Gemüse darauf anordnen und mit dem Gewürzöl beträufeln. Die Salbeiblätter und die Blütenblätter darüberstreuen. Warm servieren.

Gegrillte Süßkartoffel mit Chinakohl

Zubereitung: 25 Minuten
Für 4 Personen

Zutaten

600 g Süßkartoffeln
Saft von 1 Bio-Limette
4 EL Olivenöl
300 g Chinakohl
1 Schalotte
20 g Ingwer
1 Stange Zitronengras
1 kleine Chilischote
2 Knoblauchzehen
2 EL Agavendicksaft
500 ml Gemüsefond
½ TL Pfeilwurzmehl (oder Kuzu)
½ Bund Koriandergrün, Blätter abgezupft
Salz

▌ Die Süßkartoffeln schälen und in fünf Millimeter dicke Scheiben schneiden. Leicht salzen und mit der Hälfte des Limettensaftes und des Olivenöls beträufeln. Von beiden Seiten in etwa 3 Minuten goldbraun grillen.

▌ Den Chinakohl in feine Streifen schneiden.

▌ Die Schalotte schälen, den Ingwer schälen und putzen. Schalotte, Ingwer und Zitronengras in sehr kleine Würfel schneiden. Von der Chilischote Samen und Scheidewände entfernen, dann die Schote in feine Streifen schneiden. Den Knoblauch schälen, vom Keim befreien und zerdrücken. Schalotte, Ingwer, Zitronengras, Chili und Knoblauch im verbliebenen Olivenöl und dem Agavendicksaft anschmoren, den Chinakohl dazugeben und mit Gemüsefond aufgießen. 5 Minuten garen. Den restlichen Limettensaft dazugeben und die Flüssigkeit ganz leicht mit Pfeilwurzmehl binden. Mit Salz abschmecken.

▌ Abwechselnd gegrillte Süßkartoffelscheiben und Chinakohlgemüse aufeinanderstapeln und mit Korianderblättern bestreuen.

94

Grünes Kartoffelpüree mit gebratenem Löwenzahn

Zubereitung: 35 Minuten
Für 4 Personen

Zutaten

8 große Löwenzahnrosetten, wenn möglich
mit Wurzel
300 g mehlig kochende Kartoffeln
1 Bund Frühlingszwiebeln (nur das Grün)
100 ml Gemüsefond
6 EL Olivenöl
2 EL Balsamicoessig
1 TL Agavendicksaft (siehe Tipp)
Muskatnuss
Salz
Pfeffer

Für die Dekoration
2 frische Calendulablüten

▌ Die Löwenzahnrosetten gründlich waschen, die Wurzeln abschaben.

▌ Die Kartoffeln schälen und in grobe Stücke schneiden. In einen großen Topf so viel Wasser einfüllen, dass der eingehängte Dämpfeinsatz das Wasser nicht berührt. Das Wasser erhitzen, die Kartoffeln in den Dämpfeinsatz legen und im Dampf in etwa 15 Minuten weich garen.

▌ Das Frühlingszwiebelgrün zusammen mit dem Gemüsefond und zwei Esslöffeln Olivenöl im Mixer glatt pürieren. Das Püree durch ein feines Sieb passieren. Die gekochten Kartoffeln grob zerdrücken und das Frühlingszwiebelpüree darunterheben. Mit Muskatnuss, Salz und Pfeffer abschmecken.

▌ Die Löwenzahnrosetten in dem verbliebenen Olivenöl anbraten, mit Balsamicoessig und Agavendicksaft ablöschen und mit Salz und Pfeffer abschmecken.

▌ Das Kartoffelpüree auf Tellern anrichten, mit den Calendulablütenblättern bestreuen und den Löwenzahn daneben anrichten.

Tipp: Am besten schmeckt wilder Löwenzahn, der aber reichlich Bitterstoffe enthält. Diese lassen sich jedoch durch Agavendicksaft abmildern. Wenn Zuchtlöwenzahn verwendet wird, ist der Dicksaft nicht nötig.

Variante: Dieses Rezept schmeckt auch wunderbar mit Mangold anstelle von Löwenzahn.

Bandnudeln mit Kürbisbolognese

Zubereitung: 25 Minuten
Für 4 Personen

Zutaten

350 g Hokkaidokürbis
1 Knoblauchzehe
125 ml Gemüsefond oder Wasser
1 gelbe Paprikaschote
6 EL Olivenöl
etwas abgeriebene Schale von 1 Bio-Zitrone
4 Portionen eifreie Bandnudeln
12 Kirschtomaten
2 Zweige Basilikum, Blätter abgezupft
Salz
Pfeffer

▌ Den gewaschenen, aber ungeschälten Kürbis entkernen und grob raspeln. Den Knoblauch schälen und vom Keim befreien, dann zerdrücken. Den Gemüsefond zum Kochen bringen. Die Paprikaschote vierteln, die Samen und Scheidewände entfernen. Die Paprikastücke im Gemüsefond weich garen und anschließend mit dem verbleibenden Fond im Mixer pürieren und durch ein mittelfeines Sieb passieren. Die Kürbisraspel mit dem Knoblauch in vier Esslöffeln Olivenöl anbraten. Mit dem Paprikapüree aufgießen und 5 Minuten köcheln lassen. Mit Zitronenschale, Salz und Pfeffer abschmecken.

▌ In einem ausreichend großen Topf Wasser zum Kochen bringen. Die Bandnudeln darin gar kochen, abgießen und mit der Kürbisbolognese mischen.

▌ Die Kirschtomaten vierteln und in zwei Esslöffeln Olivenöl 2 Minuten in einer Pfanne erhitzen. Mit Salz und Pfeffer abschmecken. Die Nudeln in tiefen Tellern anrichten und mit den Tomaten und dem Basilikum garnieren. Sofort servieren.

Quiche mit Pfifferlingen

Zubereitung: 20 Minuten
Für 4 Personen

Zutaten

150 g frische Pfifferlinge
200 g Mangold
1 kleine Zwiebel
1 Knoblauchzehe
6 EL Olivenöl
½ Bund Thymian, Blätter abgezupft
Salz
Pfeffer

Außerdem
1 Quicheboden, vorgebacken
(siehe Seite 16)

▮ Die Pfifferlinge putzen. Den Mangold waschen, putzen und in Streifen schneiden. Die Zwiebel schälen und in kleine Würfel schneiden. Den Knoblauch schälen, vom Keim befreien und zerdrücken.

▮ Die Zwiebel in zwei Esslöffeln Olivenöl glasig anbraten. Den Mangold dazugeben und 5 Minuten mitschmoren. Mit Salz und Pfeffer abschmecken und den Mangold auf dem Quicheboden verteilen. Die Pfifferlinge auf den Mangold geben. Das restliche Olivenöl mit dem Knoblauch und dem Thymian mischen und über die Pilze träufeln.

▮ Die Quiche im vorgeheizten Backofen bei 200 °C 10 Minuten backen und heiß servieren.

Bohnen und Birnen mit Räuchertofu

Zubereitung: 20 Minuten
Für 4 Personen

Zutaten

250 g Keniabohnen
2 Birnen
1 Knoblauchzehe
4 EL Olivenöl
100 g Räuchertofu
2 Zweige Bohnenkraut oder Thymian,
Blätter abgezupft
Salz
Pfeffer

▌ Die Bohnen putzen. Die Birnen schälen, das Kerngehäuse entfernen und das Fruchtfleisch in Spalten schneiden. Den Knoblauch schälen, vom Keim befreien und zerdrücken.

▌ In einen großen Topf so viel Wasser einfüllen, dass der eingehängte Dämpfeinsatz das Wasser nicht berührt. Das Wasser erhitzen, die Bohnen in den Dämpfeinsatz legen und im Dampf 4 Minuten garen.

▌ Inzwischen die Birnen und den Knoblauch im Olivenöl anschwitzen. Den Räuchertofu in Würfel schneiden, dazugeben und kurz durchschwenken. Mit Salz und Pfeffer abschmecken.

▌ Die Bohnen aus dem Dämpfeinsatz nehmen, zu den Birnen geben und durchmischen. Mit Bohnenkraut bestreuen und auf vier Tellern anrichten.

Kartoffelschnitten mit Blumenkohl und Currymarinade

Zubereitung: 45 Minuten
Für 4 Personen

Zutaten

300 g Kartoffeln
300 g Blumenkohl
½ Cantaloupemelone
4 EL Olivenöl
etwas frisch geriebene Muskatnuss
Salz
Pfeffer

Für die Sauce
2 Schalotten
1 Knoblauchzehe
1 kleine Karotte
1 Banane
1 kleines Stück Ingwer
3 EL Olivenöl
2 Nelken
1 EL Madras-Curry
2 Lorbeerblätter
250 ml Gemüsefond
Saft von 1 Bio-Limette
Salz
Pfeffer
½ Bund Koriander, Blätter abgezupft

▌ Für die Schnitten die Kartoffeln schälen und in grobe Stücke schneiden. Den Blumenkohl in mundgerechte Röschen zerteilen. In einen großen Topf so viel Wasser einfüllen, dass der eingehängte Dämpfeinsatz das Wasser nicht berührt. Das Wasser erhitzen, die Kartoffelstücke in den Dämpfeinsatz legen und im Dampf 10 Minuten garen. Die Kartoffeln herausnehmen und in eine Schüssel füllen. Dann die Blumenkohlröschen in den Dämpfeinsatz geben und 5 Minuten garen.

▌ Während das Gemüse gart, die Sauce zubereiten: Die Schalotten schälen. Den Knoblauch ebenfalls schälen und vom Keim befreien. Beides zusammen mit der Karotte, der Banane und dem Ingwer in Scheiben schneiden und im Olivenöl anschwitzen. Nelken, Curry und Lorbeerblätter dazugeben und mit dem Gemüsefond aufgießen. 10 Minuten köcheln lassen.

▌ Die gegarten Kartoffeln zerdrücken und mit zwei Esslöffeln Olivenöl, Muskatnuss, Salz und Pfeffer mischen. Mithilfe eines rechteckigen Ausstechers etwa 1,5 Zentimeter hohe Portionsstücke auf Tellern anrichten und warm stellen.

▌ Die Melone schälen, entkernen und in dicke Scheiben schneiden, dann mit dem Ausstecher rechteckig ausstechen. Mit etwas Salz und Pfeffer bestreuen und in dem restlichen Olivenöl kurz von beiden Seiten anbraten.

▌ Die Melonenstücke auf die Kartoffelschnitten legen. Den Blumenkohl aus dem Dampf holen und mit Salz und Pfeffer würzen. Auf den Melonenscheiben anrichten.

▌ Die Sauce durch ein feines Sieb passieren und mit Limettensaft, Salz und Pfeffer abschmecken. Die Kartoffel-Blumenkohl-Schnitten mit der Currysauce beträufeln und mit Korianderblättern bestreut servieren.

Rettichspaghetti mit Erbsen-Minze-Sauce

Zubereitung: 25 Minuten
Für 4 Personen

Zutaten

2 Frühlingszwiebeln (nur das Grün)
1 Bierrettich
4 EL Olivenöl
1 TL Apfeldicksaft
100 g frische junge Erbsen
½ Bund Minze, Blätter abgezupft
Saft von 1 Bio-Zitrone
1 EL helles Mandelmus
1 EL schwarzer Sesam
Salz
Pfeffer

▌ Das Grün der Frühlingszwiebeln in feine Streifen schneiden und für 10 Minuten in Eiswasser legen.

▌ Den Rettich schälen, dann mit einer Röstiraffel längs in dünne Spaghettistreifen schneiden. Die Rettichstreifen mit Olivenöl, Apfeldicksaft und etwas Salz marinieren.

▌ Die Hälfte der Erbsen, die Hälfte der Minzeblätter, den Zitronensaft und das Mandelmus im Mixer fein pürieren. Gegebenenfalls die Masse noch durch ein feines Sieb passieren. Mit Salz und Pfeffer abschmecken.

▌ Die Erbsen-Minze-Sauce in tiefe Teller gießen. Die Rettichspaghetti mit den restlichen Minzeblättern und Erbsen sowie dem Sesam mischen und auf der Sauce anrichten. Mit den Frühlingszwiebeln bestreuen.

Pilzburger mit Kürbisketchup

Zubereitung: 25 Minuten
Für 4 Personen

Zutaten

4 Buchweizen-Burgerbrötchen
(siehe Seite 19)
4 Riesenchampignons

Für die Paste

1 Knoblauchzehe
1 EL helles Mandelmus
½ Bund glatte Petersilie, Blätter
abgezupft
2 EL Olivenöl
1 Msp. Cayennepfeffer
Salz

Für den Belag

1 Tomate
4 Römersalatblätter, gewaschen und
geputzt
20 g Rucolablätter, gewaschen und
geputzt
8 EL Kürbisketchup (siehe Seite 21)

▌ Die Burgerbrötchen halbieren. Die Champignonstiele entfernen und die Pilzhüte mit Küchenpapier reinigen.

▌ Für die Paste den Knoblauch schälen, vom Keim befreien und zerdrücken. Im Mörser den Knoblauch, das Mandelmus und die Petersilie mit dem Olivenöl und etwas Cayennepfeffer zu einer Paste zerreiben. Mit Salz abschmecken und in die Pilzköpfe füllen. Die Pilzköpfe auf ein mit Backpapier ausgelegtes Blech legen und im vorgeheizten Backofen bei 200 °C 10 Minuten backen.

▌ Die halbierten Burgerbrötchen 4 Minuten mitbacken, um sie zu erwärmen.

▌ Inzwischen die Tomate in vier Scheiben schneiden. Jeweils die untere Hälfte der Burgerbrötchen mit einem Salatblatt belegen, einen heißen Champignon daraufsetzen, mit einer Tomatenscheibe belegen und mit etwas Rucola abschließen. Die andere Hälfte des Brötchens auflegen und mit dem Ketchup servieren.

Wirsingrouladen mit Pfifferlingen und Preiselbeeren

Zubereitung: 35 Minuten
Für 4 Personen

Zutaten

400 g Wirsing
1 Zwiebel
1 Knoblauchzehe
150 g Räuchertofu
½ Bund Thymian, Blätter abgezupft
2 EL Olivenöl
etwas frisch geriebene Muskatnuss
Salz
Pfeffer

Für die Pilzbeilage

150 g Pfifferlinge
4 EL Olivenöl
2 EL Preiselbeeren
1 EL Agavendicksaft
1 TL Sojasauce

▌ Vom Wirsing den Strunk vorsichtig herausschneiden, die vier größten Außenblätter entfernen, putzen und beiseitelegen. Den restlichen Wirsing klein schneiden.

▌ In einen großen Topf so viel Wasser einfüllen, dass der eingehängte Dämpfeinsatz das Wasser nicht berührt. Das Wasser erhitzen, die vier Wirsingblätter und den geschnittenen Wirsing in den Dämpfeinsatz legen und im Dampf 6 Minuten garen.

▌ Inzwischen die Zwiebel schälen und in Würfel schneiden. Den Knoblauch schälen, vom Keim befreien und zerdrücken. Den Tofu würfeln. Zwiebel, Knoblauch, Tofu und Thymian im Olivenöl anbraten. Den geschnittenen Wirsing dazugeben und mit Muskatnuss, Salz und Pfeffer würzen. Diese Masse auf die vier Wirsingblätter verteilen. Zu Rouladen rollen und warm stellen.

▌ Die Pilze putzen und im Olivenöl anbraten. Die Preiselbeeren und den Agavendicksaft dazugeben und die Pilze weitere 5 Minuten garen. Mit Sojasauce, Salz und Pfeffer abschmecken.

▌ Die Wirsingrouladen auf Tellern anrichten und mit dem Pilz-Preiselbeer-Ragout übergießen.

Tipp: Anstelle von Wirsing können Sie Weißkohl oder Mangold verwenden. Das Gericht schmeckt auch wunderbar mit Shiitakepilzen statt der Pfifferlinge.

Kohlrabi-Cannelloni mit Kurkumadressing

Zubereitung: 45 Minuten
Für 4 Personen

Zutaten

2 Kohlrabi
1 Karotte
150 g Hokkaidokürbis
150 g gekeimte Cashewkerne
2 EL helles Mandelmus
Salz
Pfeffer

Für das Dressing

2 Frühlingszwiebeln
20 g Zuckerschoten
3 EL Orangensaft
1 EL weißer Balsamicoessig
1 EL Kurkuma
4 EL Olivenöl
2 EL Leindotteröl

▌ Die Kohlrabi schälen, zarte Kohlrabiblätter beiseitelegen. Die Knollen in hauchdünne Scheiben schneiden. Die Karotte und den entkernten Kürbis grob raspeln. Die Cashewkerne hacken. Karotte, Kürbis und Cashewkerne mit dem Mandelmus mischen und mit Salz und Pfeffer abschmecken.

▌ Ein ausreichend großes Stück Klarsichtfolie auf der Arbeitsplatte ausbreiten. Ein 15 × 20 Zentimeter großes Rechteck mit überlappenden Kohlrabischeiben auslegen. Darauf einige Kohlrabiblätter legen und die Häfte der Gemüsefüllung aufstreichen. Mithilfe der Folie fest einrollen. Auf diese Weise noch eine weitere Rolle herstellen. Bis zum Anrichten können die Rollen für einige Stunden im Kühlschrank aufbewahrt werden.

▌ Die Frühlingszwiebeln in feine Röllchen und die Zuckerschoten in dünne Streifen schneiden. Aus Orangensaft, Balsamicoessig, Kurkuma und den beiden Ölen ein Dressing rühren und mit Salz und Pfeffer abschmecken.

▌ Die Kohlrabirollen in Portionsstücke von etwa fünf Zentimeter Länge schneiden, vorsichtig aus der Klarsichtfolie lösen und mit dem Dressing, den Zuckerschoten und den Frühlingszwiebeln anrichten.

Tipp: Dieses Gericht ist gut vorzubereiten. Die Cannelloni lassen sich besser schneiden, wenn sie ein wenig kalt gestellt wurden.

Roh marinierte Auberginen mit Löwenzahn und Knoblauch

Zubereitung: 10 Minuten plus 2 Stunden zum Ziehen
Für 4 Personen

Zutaten

1 reife Aubergine
4 Knoblauchzehen
8 Rosetten wilder Löwenzahn (ersatzweise 150 g Feldsalat oder Rucola)
6 EL weißer Balsamicoessig oder Apfelessig
1 EL Apfeldicksaft
10 EL Olivenöl
Salz
Pfeffer
1 Bund Basilikum, Blätter abgezupft

▌ Die Aubergine waschen, den Knoblauch schälen und vom Keim befreien. Beides in sehr dünne Scheiben schneiden. Den Löwenzahn waschen und putzen.

▌ Aus Balsamicoessig, Apfeldicksaft, Olivenöl, Salz und Pfeffer eine Marinade rühren. Die Auberginen- und Knoblauchscheiben sowie die Basilikumblätter lagenweise in eine Glasschüssel geben und jede Lage mit etwas Marinade beträufeln. Fest andrücken und zugedeckt mindestens 2 Stunden ziehen lassen. Die marinierten Auberginen zusammen mit dem Löwenzahn auf vier Vorspeisentellern anrichten.

Tipp: Die marinierten Auberginen können 2 Tage im Kühlschrank aufbewahrt werden.

Bunte Crudités auf Avocado-Wasabi-Creme

Zubereitung: 20 Minuten
Für 4 Personen

Zutaten

2 reife Avocados
Saft von 1 Bio-Zitrone
1 Msp. Wasabi
4 EL Olivenöl | Salz
80 g gekeimte Sonnenblumenkerne
1 EL Balsamicoessig
2 EL schwarzer Sesam

Für die Crudités

8 Baby-Karotten
12 grüne Spargelstangen
je 4 gelbe und rote Mangoldstiele
12 Zuckerschoten
4 EL junge Erbsen
8 Löwenzahnblätter

▌ Die Avodados halbieren, den Stein entfernen und das Fruchtfleisch aus den Schalenhälften heben.

▌ Die Avocado zerdrücken und mit Zitronensaft, Wasabi und zwei Esslöffeln Olivenöl mischen, mit Salz abschmecken.

▌ Die Sonnenblumenkerne gründlich waschen und abtropfen lassen. Mit etwas Salz, dem restlichen Olivenöl und dem Balsamicoessig würzen.

▌ Für die Crudités das Gemüse putzen und die Karotten, Spargel und Mangoldstiele auf etwa fünf Zentimeter Länge zuschneiden.

▌ Mithilfe eines runden Ausstechers (etwa 5 cm Durchmesser) anrichten: Zuerst eine etwa einen Zentimeter hohe Lage Sonnenblumenkerne einfüllen, die Avocadocreme daraufgeben und fest andrücken. Die Oberfläche glatt streichen und mit schwarzem Sesam bestreuen. Das Gemüse und die Löwenzahnblätter in die weiche Masse stecken und servieren.

Schon gewusst? Wasabi, auch Japanischer Meerrettich oder Wassermeerrettich genannt, ist ein scharfes Gewürz, das in der japanischen Küche sehr beliebt ist. Wasabi-Pulver ist hierzulande in Asien-Läden oder auch in gut sortierten Supermärkten erhältlich.

Rohkost-Pizza

Zubereitung: 15 Minuten
Für 4 Personen

Zutaten

4 mittelgroße Tomaten oder
2 große Fleischtomaten
1 EL helles Mandelmus
Salz
Pfeffer
1 grüne Paprikaschote
1 Zucchini
1 Karotte
20 g schwarze Oliven, entsteint
10 g Pinienkerne
40 g Rucolablätter, geputzt
4 Zweige rotes Basilikum, Blätter abgezupft
(ersatzweise grünes Basilikum)
1 EL Rosmarinöl zum Beträufeln

Außerdem

2 luftgetrocknete Pizzaböden
(siehe Seite 19)

▌ Den Stielansatz der Tomaten mit einem spitzen Messer herausschneiden, das Fruchtfleisch in dünne Scheiben schneiden. Einige Scheiben davon (etwa eine halbe Tomate) zusammen mit dem Mandelmus und etwas Salz und Pfeffer im Mixer fein pürieren.

▌ Die Paprikaschote von Samen und Scheidewänden befreien, dann in dünne Streifen schneiden. Die Zucchini und die Karotte putzen und mit dem Sparschäler längs in dünne Streifen hobeln.

▌ Die Oliven in Scheiben schneiden, die Pinienkerne grob hacken.

▌ Die Mandelmus-Tomatenpaste dünn auf die Pizzaböden streichen. Die Tomatenscheiben darauf verteilen. Mit Paprika, Zucchini und Karotten locker belegen, die Oliven, die Pinienkerne, den Rucola und das Basilikum darüberstreuen. Mit Salz und Pfeffer bestreuen und mit Rosmarinöl beträufeln. Sofort servieren.

Tipp: Diese knackige Roh-Pizza sollte sofort nach dem Belegen serviert werden, da der Teig sonst weich wird.

Rote-Bete-Medaillons mit Miso und Kartoffel-Erbsen-Püree

Zubereitung: 45 Minuten
Für 4 Personen

Zutaten

1 mittelgroße Rote Bete, gekocht
15 g Hatcho-Miso
1 EL Agavendicksaft
2 EL Gemüsefond oder Wasser
1 EL Olivenöl
Salz
Pfeffer

Für das Püree

3 mittelgroße Kartoffeln
200 g Erbsen (tiefgekühlt)

Für das gebratene Gemüse

8 grüne Spargelstangen
8 junge Karotten mit Grün, geputzt
2 EL Olivenöl

Außerdem

2 EL schwarzer Sesam
4 Stängel Giersch oder glatte Petersilie,
Blätter abgezupft

▌ Die Rote Bete schälen und in vier gleich dicke Scheiben schneiden. Das Miso mit dem Agavendicksaft, dem Gemüsefond und dem Olivenöl verrühren, in einer ausreichend großen Pfanne erwärmen und die Rote-Bete-Scheiben darin einlegen. Mit Salz und Pfeffer würzen.

▌ Für das Püree die Kartoffeln schälen und in grobe Stücke schneiden. In einen großen Topf so viel Wasser einfüllen, dass der eingehängte Dämpfeinsatz das Wasser nicht berührt. Das Wasser erhitzen, die Kartoffeln in den Dämpfeinsatz legen und im Dampf 15 Minuten garen. Die Erbsen dazugeben und weitere 5 Minuten garen. Die Kartoffeln und die Erbsen zerdrücken. Mit Salz und Pfeffer abschmecken.

▌ Die unteren zwei Drittel des Spargels schälen. Spargel und Karotten im Olivenöl 4 Minuten braten, mit Salz und Pfeffer leicht würzen.

▌ Mithilfe eines runden Ausstechers das Kartoffel-Erbsen-Püree auf vier Tellern anrichten. Das gebratene Gemüse darauflegen. Die Rote-Bete-Scheiben aus der Sauce heben, mit den Außenrändern im Sesam wenden und auf das Gemüse setzen. Jeweils etwas Miso-Sauce um das Gericht gießen. In dem in der Pfanne verbliebenen Olivenöl, in dem die Spargel und Karotten gebraten wurden, die Giersch- oder Petersilienblätter kurz knusprig braten und obenauf setzen.

Desserts

Rohe Desserts und nicht nur Obstsalat? Aber ja! Probieren Sie einmal köstliche Cremes aus Nüssen, Gekeimtem und Trockenfrüchten. Da eröffnen sich ganz *neue Genusswelten* und auch interessante neue Texturen, die fruchtig, cremig, nussig oder luftig-sahnig überraschen.

Auch Gefrorenes gilt als Rohkost. Fruchteis und Sorbets aus Früchten sind *ebenso vorzüglich* wie cremige Parfaits oder Eis aus Nusssahne oder Kokosmilch und Kokoscreme. Köstlich, vegan UND roh! Es macht auch *richtig Spaß*, rohe Torten herzustellen. Oder knusprige Teige. Probieren Sie es aus!

Aprikosentorte mit Pistazienmarzipan

Zubereitung: 45 Minuten plus 30 Minuten zum Kühlen
Für 4 Personen

Zutaten

Für das Aprikosengelee
200 g Aprikosen
½ Vanilleschote
Saft von 2 Bio-Orangen
30 ml Agavendicksaft
1 gestrichener TL Agar-Agar

Für das Marzipan
100 g Pistazien
1 EL helles Mandelmus
30 ml Agavendicksaft
1 EL Rosenwasser

Für die Glasur
2 EL Kokosfett
2 EL Kakaopulver oder Johannisbrot
2 EL Apfeldicksaft

▌ Die Aprikosen halbieren und den Stein entfernen. Die Vanilleschote längs aufschneiden und das Mark herausschaben. Aprikosen und Vanillemark mit dem Orangensaft und dem Agavendicksaft 10 Minuten köcheln lassen.

▌ Inzwischen das Marzipan zubereiten. Dazu die Pistazien im Mixer fein pulverisieren. Das Mandelmus, den Agavendicksaft und das Rosenwasser dazugeben und gut untermischen. Die Masse zwischen zwei Klarsichtfolien zu einer runden Platte mit 25 Zentimeter Durchmesser ausrollen und kalt stellen.

▌ In der Zwischenzeit die Aprikosen mit der Kochflüssigkeit im Mixer pürieren und durch ein feines Sieb passieren. Die Flüssigkeit abmessen und gegebenenfalls noch etwas Wasser oder Orangensaft hinzugeben, sodass dann insgesamt 250 Milliliter vorhanden sind. Die Flüssigkeit mit Agar-Agar mischen und nochmals aufkochen.

▌ Eine Springform (25 cm Durchmesser) mit Klarsichtfolie auskleiden. Die Aprikosenmasse einfüllen und für 30 Minuten kalt stellen.

▌ Die Klarsichtfolie von der gekühlten Marzipanplatte abziehen und die Marzipanplatte auf die inzwischen gelierte Aprikosenmasse legen.

▌ Das Kokosfett in einem kleinen Topf schmelzen. Das Kakao- oder Johannisbrotpulver und den Apfeldicksaft unterrühren. Die Glasur vorsichtig mit einem Löffel auf der Marzipanschicht verteilen und glatt streichen. Bis zum Servieren kalt stellen. Die Torte aus der Form lösen, mit einem heißen Messer in Tortenstücke schneiden und servieren.

Tipp: Die Torte schmeckt am besten gut gekühlt und kann im Kühlschrank 2 Tage aufbewahrt werden.

Apfel-Crumble

Zubereitung: 30 Minuten plus 10 Minuten zum Backen
Für 4 Personen

Zutaten

3 Äpfel
Saft von 1 Bio-Zitrone
30 ml Agavendicksaft
1 kleine Zimtstange

Für die Streusel

50 g Walnusskerne
100 g Pflanzenmargarine
50 g Vollrohrzucker
60 g Dinkelvollkornmehl, gesiebt

Außerdem

4 feuerfeste Förmchen
Pflanzenmargarine zum Einfetten

▌ Für die Streusel die Walnusskerne fein hacken. Mit der Margarine, dem Zucker und dem Mehl mischen und für 30 Minuten kalt stellen.

▌ Vier feuerfeste Förmchen mit etwas Margarine einfetten. Die Äpfel schälen, vierteln, das Kerngehäuse entfernen und das Fruchtfleisch in Würfel schneiden. Apfelstücke, Zitronensaft, Agavendicksaft und Zimtstange in einen Topf geben und 10 Minuten köcheln lassen. Dann die Zimtstange entfernen, die Äpfel durch ein Sieb abseihen und die gegarten Apfelstücke in die gefetteten Förmchen füllen.

▌ Die gekühlte Nussmischung grob zerbröseln und die Äpfel mit den Streuseln großzügig bedecken. Im vorgeheizten Backofen bei 175 °C 10 Minuten backen, dann warm servieren.

Haselnuss-Apfel-Rührkuchen

Zubereitung: 15 Minuten plus 30 Minuten zum Backen
Für 4 Personen

Zutaten

125 g Haselnüsse
125 g Dinkelvollkornmehl
½ Päckchen Weinstein-Backpulver
1 TL gemahlener Zimt
80 g Pflanzenmargarine
100 ml Agavendicksaft
125 ml Sojamilch
300 g kleine Äpfel

Außerdem
etwas Pflanzenmargarine für
die Backform

▌ Den Backofen auf 175 °C vorheizen. Eine tiefe Backform (etwa 25 × 20 cm) mit etwas Pflanzenmargarine fetten.

▌ Die Haselnüsse im Mixer pulverisieren. Das Haselnusspulver mit dem Dinkelmehl, dem Backpulver und dem Zimt mischen. Die Margarine und den Agavendicksaft mit dem Schneebesen schaumig schlagen. Die Sojamilch mit der Mehlmischung verrühren, dann die Margarinemasse unterheben.

▌ Den Teig in die vorbereitete Backform füllen. Die kleinen Äpfel im Ganzen in den Teig drücken und die Form mit Alufolie abdecken. Die Alufolie mit einer Gabel mehrmals einstechen. Den Kuchen bei 175 °C etwa 30 Minuten backen.

Tipp: Falls Sie keine kleinen Äpfel wie hier im Bild haben, nehmen Sie zwei normal große Äpfel für diesen Kuchen. In diesem Fall die Äpfel schälen, entkernen und vierteln. Die Viertel in den rohen Teig drücken.

Mandel-Schokoladen-Biskuittorte

Zubereitung: 25 Minuten
Für 4 Personen

Zutaten

½ Kakaobiskuit, gebacken (siehe Seite 17)
200 g Rote Johannisbeeren, von den Rispen gezupft

Für die Glasur
3 EL Kokosfett
3 EL Kakaopulver oder Johannisbrot
5 EL Apfeldicksaft
30 g Mandeln, fein gehackt
1 Tropfen Mandelöl

▌ Aus dem Biskuit drei Scheiben mit je 18 Zentimeter Durchmesser ausstechen. Die Scheiben exakt aufeinander auf ein Kuchengitter legen. Das Kuchengitter in ein tiefes Blech stellen.

▌ Das Kokosfett schmelzen. Das Kakao- oder Johannisbrotpulver, den Apfeldicksaft, die Mandeln und das Mandelöl dazugeben und gut unterrühren. Die Glasur auf dem Kuchen verteilen. Mit den Johannisbeeren großzügig belegen.

Tipp: Der fertige Kuchen bleibt 2 Tage frisch unter der Glasur. Er kann auch mit hellem Biskuit (siehe Seite 17) hergestellt werden.

Cashew-Käsekuchen mit Blaubeeren

Zubereitung: 15 Minuten
Für 4 Personen

Zutaten

200 g gekeimte Cashewkerne
etwas crushed Ice
30 ml Agavendicksaft
3 EL Kokosblütenzucker
1 TL gemahlener Zimt
25 g Pistazien
150 g Blaubeeren

▌ Die Cashewkerne mit dem crushed Ice und dem Agavendicksaft so lange im Mixer pürieren, bis eine cremige, quarkähnliche Masse entstanden ist. Den Kokosblütenzucker mit dem Zimt mischen. Die Pistazien hacken.

▌ Mithilfe eines Rings den Kuchen aufbauen: Zuerst die gehackten Pistazien, dann die Cashewmasse einfüllen. Glatt streichen und den Ring vorsichtig entfernen. Die Blaubeeren darauf verteilen und den Zimtzucker großzügig darüberstreuen.

Tipp: Dieser Kuchen schmeckt gut gekühlt besonders fein.

Schon gewusst? Kokosblütenzucker wird aus dem süßen Nektar der Kokosblüte gewonnen und schmeckt leicht nach Karamell. Er ist ein ausgezeichneter Ersatz für Zucker oder Sirup.

Aprikosentarte

Zubereitung: 10 Minuten plus 10 Minuten
zum Backen
Für 4 Personen

Zutaten

400 g Aprikosen | 1 Bio-Orange
½ Vanilleschote | 3 EL helles Mandelmus
3 EL Agavendicksaft | 15 g Pinienkerne
Außerdem
1 Quicheboden, vorgebacken (siehe Seite 16)

▌ Die Aprikosen waschen, halbieren und entsteinen.
▌ Etwas Schale von der Orange abreiben und den Saft auspressen. Das Mark der Vanilleschote herausschaben. Orangenschale und -saft und das Vanillemark zusammen mit dem Mandelmus und dem Agavendicksaft im Mixer pürieren und auf dem Quicheboden verteilen.
Die Aprikosen mit der Schnittfläche nach unten darauflegen. Mit den Pinienkernen bestreuen.
▌ Die Tarte im vorgeheizten Backofen bei 200 °C 10 Minuten backen. Leicht abkühlen lassen und servieren.

Dattel-Rosenwasser-Cupcakes

Zubereitung: 25 Minuten
Für 4 Personen

Zutaten

150 g Datteln | 10 g Pistazien
Saft von ½ Bio-Orange
3 EL Rosenwasser
1 Bio-Orange
6 kernlose Trauben
5 Rispen Rote Johannisbeeren
2 Zweige Minzeblätter,
Blätter abgezupft | 15 g Mandeln

▌ Die Datteln entkernen und in grobe Stücke schneiden. Dann mit dem Orangensaft und dem Rosenwasser mischen und 10 Minuten durchziehen lassen. Die Dattelmasse mithilfe eines runden Ausstechers (etwa 4 cm Durchmesser) auf vier Tellern anrichten.
▌ Die Orange schälen, vierteln und in dünne Scheiben schneiden. Die Trauben waschen und vierteln. Die Johannisbeerrispen waschen und trocken tupfen. Die Pistazien und Mandeln grob hacken. Die Datteltörtchen mit den Früchten und den Nüssen belegen und mit Minzeblättchen verzieren.

Rohe Linzer Torte mit Powidl

Zubereitung: 15 Minuten
Für 4 Personen

Zutaten

1 Rezept roher Nussmürbeteig (siehe Seite 16)
1 Rezept Powidl (siehe Seite 31)
Außerdem
Dinkelmehl zum Bestreuen

▌ Zwei Drittel des Teiges als Tortenboden dünn ausrollen und rechteckig zuschneiden. Aus dem restlichen Teig dünne Teigrollen formen. Mit einigen Teigrollen einen Rand an der Außenkante des Teigbodens anbringen. Den Powidl auf dem Tortenboden glattstreichen. Die restlichen Teigröllchen quer über dem Powidl anbringen. Durch ein feines Sieb mit etwas Mehl bestreuen.

Süße Fruchttartes

**Zubereitung: 25 Minuten plus
4 Stunden zum Trocknen
Für 12 Törtchen
(Bild Seite 134)**

Zutaten

½ Rezept roher Nussmürbeteig (siehe
Seite 16)
2 EL helles Mandelmus
Saft von 1 Bio-Orange
1 EL Agavendicksaft
1 EL crushed Ice
8 Erdbeeren | 12 Kirschen
20 Blaubeeren | 12 Himbeeren
2 Zweige Zitronenthymian, Blätter abgezupft

Außerdem
Dinkelmehl zum Bestreuen

▌ Den Teig in zwölf kleine Tarteformen drücken und 4 Stunden bei 50 °C im Backofen trocknen lassen.

▌ Das Mandelmus mit dem Orangensaft, dem Agavendicksaft und dem crushed Ice im Mixer zu einer sahnigen Masse aufschlagen. Die Masse in die Törtchen füllen.

▌ Die Früchte halbieren oder vierteln, mischen und auf die Mandelmasse geben. Mit Zitronenthymian verzieren und durch ein feines Sieb etwas Mehl darüberstreuen. Sofort servieren.

Zitronenmelisse-Mousse-Tarte

**Zubereitung: 15 Minuten plus 1 Stunde
zum Kühlen
Für 4 Personen**

Zutaten

1 roher, getrockneter Mürbeteigboden
(25 cm Durchmesser, siehe Seite 16)
1 Bund Zitronenmelisse, Blätter abgezupft
Saft und etwas abgeriebene Schale von
1 Bio-Zitrone
Saft von 1 Bio-Orange
1–2 EL crushed Ice
40 ml Agavendicksaft
5 EL helles Mandelmus

▌ Die Zitronenmelisse grob schneiden. Zusammen mit Zitronensaft und -schale, Orangensaft, crushed Ice, Agavendicksaft und Mandelmus im Mixer zu einer glatten, hellgrünen Masse pürieren. Eventuell etwas mehr crushed Ice dazugeben, wenn die Konsistenz nicht luftig genug ist.

▌ Die Masse auf den Mürbeteigboden geben und die Oberfläche glatt streichen.

▌ Die Tarte nach Belieben mit einigen Zitronenmelisseblättern verzieren und gut gekühlt servieren.

Kokosmilchschnitte mit Kirschkompott

Zubereitung: 20 Minuten plus 1 Stunde zum Kühlen
Für 4 Personen

Zutaten

250 ml Kokosmilch
1 knapp gestrichener TL Agar-Agar-Pulver
20 ml Agavendicksaft

Für das Kirschkompott

150 g Sauerkirschen, entsteint
½ Vanilleschote
Saft von 1 Bio-Orange
40 ml Agavendicksaft
1 gestrichener TL Pfeilwurzmehl
1 TL Lavendelblüten

Außerdem

4 Kirschen mit Stiel zur Dekoration

▌ Die Kokosmilch mit dem Agar-Agar und dem Agavendicksaft aufkochen lassen. Eine tiefe Form (20 × 15 cm) mit Klarsichtfolie auslegen und die heiße Kokosmilch einfüllen. Kalt stellen.

▌ Inzwischen das Kompott zubereiten. Die Vanilleschote längs aufschneiden und das Mark herausschaben. Die restlichen Sauerkirschen mit dem Vanillemark, dem Orangensaft, dem Agavendicksaft, dem Pfeilwurzmehl und der Hälfte der Lavendelblüten aufkochen lassen.

▌ Das gut gekühlte Kokosgelee aus der Form stürzen und die Klarsichtfolie abziehen. Das Gelee in vier gleich große Portionen schneiden. Auf Dessertteller legen, mit dem heißen Kirschkompott übergießen und mit je einer Kirsche und einigen Lavendelblüten garnieren.

Tipp: Kokosmilchschnitte und Kirschkompott können gut vorbereitet werden.

Orangen-Mango-Gelee mit Fruchtsalat

Zubereitung: 35 Minuten
Für 4 Personen

Zutaten

½ reife Mango
½ reife Papaya
Saft von 2 Bio-Orangen
3 EL Agavendicksaft
1 gestrichener TL Agar-Agar
100 g Himbeeren
50 g Blaubeeren
Saft von 1 Bio-Limette

▌ Die Mango schälen, das Fruchtfleisch vom Stein schneiden. Die Papaya schälen und entkernen.

▌ Die Hälfte der Mango sehr fein hacken und zusammen mit dem Orangensaft, dem Agavendicksaft und dem Agar-Agar aufkochen lassen. Die Flüssigkeit in Portionsgläser füllen und kalt stellen.

▌ Die restliche Mango und die Papaya in Würfel schneiden und mit den Himbeeren, den Blaubeeren und dem Limettensaft mischen.

▌ Kurz vor dem Servieren den Fruchtsalat auf dem gut gekühlten Orangen-Mango-Gelee anrichten.

Schokoladenhirse mit Himbeerkaramell

Zubereitung: 25 Minuten
Für 4 Personen

Zutaten

150 g Goldhirse
400 ml Wasser
1 kleine Zimtstange
etwas abgeriebene Schale von 1 Bio-Orange
2 EL Kakaopulver
10 g Pflanzenmargarine

Für den Himbeerkaramell

125 g Himbeeren
50 ml Agavendicksaft

▌ Die Hirse mit dem Wasser und der Zimtstange aufkochen und bei geschlossenem Deckel 15 Minuten auf kleiner Flamme ausquellen lassen. Die Zimtstange entfernen. Die Orangenschale, das Kakaopulver und die Margarine hineinrühren. Die noch warme Masse in kleine Tassen drücken und auf Dessertteller stürzen.

▌ Die Hälfte der Himbeeren auf und um die Hirse anrichten. Den Agavendicksaft in einem kleinen Topf erhitzen und golden karamellisieren. Die übrigen Himbeeren unterrühren und 5 Minuten einkochen lassen. Den Himbeerkaramell über die Schokoladenhirse geben. Das Dessert nach Belieben mit Orangenzesten dekorieren und warm servieren.

Mexikanische Zimt-Kakao-Creme mit Rotweinbirne

Zubereitung: 45 Minuten
Für 4 Personen

Zutaten

2 Birnen
1 Bio-Orange
200 ml Rotwein
40 g Agavendicksaft
½ TL schwarze Pfefferkörner
2 Nelken

Für die Creme
6 EL helles Mandelmus
Saft von 1 Bio-Zitrone
4 EL crushed Ice
1 kleine Prise Salz
2 EL Kakaopulver
1 TL gemahlener Zimt

Außerdem
1 rosa Grapefruit, filetiert
1 TL rote Pfefferkörner, zerdrückt

▌ Die Birnen schälen, entkernen und achteln. Etwas Schale von der Orange mit dem Zestenreißer abziehen und für die Dekoration beiseitelegen. Die Hälfte der Orange mit der Schale in Scheiben schneiden, die andere Hälfte auspressen.

▌ Die Birnen mit den Orangenscheiben, dem Rotwein, etwas Agavendicksaft, den schwarzen Pfefferkörnern und den Nelken aufkochen und auf kleiner Flamme 10 Minuten garen. Den Herd ausschalten und die Birnen zugedeckt abkühlen lassen.

▌ Für die Creme das Mandelmus zusammen mit dem Zitronen- und Orangensaft, dem restlichen Agavendicksaft, dem crushed Ice und dem Salz so lange im Mixer pürieren, bis eine sahnige Creme entstanden ist. Die Masse halbieren. Eine Hälfte mit Kakaopulver und Zimt mischen. Die helle Creme in Dessertgläser füllen. Die dunkle Creme daraufgeben. Die Birnen aus dem Rotweinsud heben und zusammen mit den Grapefruitfilets auf der Creme anrichten. Mit der beiseitegelegten Orangenschale und zerdrückten roten Pfefferkörnern bestreuen.

Tipps: Die Creme können Sie sehr gut vorbereiten und bereits in die Gläser füllen. Im Kühlschrank aufbewahren und kurz vor dem Servieren mit den Früchten dekorieren.

Sie können die Creme nach Belieben auch mit etwas Sojasahne dekorieren.

Geeiste Bananen-Limetten-Creme mit Kokosschaum

Zubereitung: 10 Minuten plus 30 Minuten
zum Kühlen
Für 4 Personen

Zutaten

Für die Creme
2 Bananen
½ Vanilleschote
Saft und etwas abgeriebene Schale von
2 Bio-Limetten
40 ml Agavendicksaft
100 g Himbeeren

Für den Kokosschaum
125 ml Kokosmilch
2 EL helles Mandelmus
2 EL Kokosflocken

▌ Die Bananen schälen. Die Vanilleschote längs aufschneiden und das Mark herausschaben. Bananen, Vanillemark, Limettensaft und -schale und die Hälfte des Agavendicksafts im Mixer fein pürieren. Die Masse in vier Portionsgläser füllen und die Creme 30 Minuten im Tiefkühlgerät kühlen.

▌ Kurz vor dem Servieren die Himbeeren auf die geeiste Creme setzen.

▌ Für den Kokosschaum die Kokosmilch mit dem Mandelmus, den Kokosflocken und dem restlichen Agavendicksaft im Mixer schaumig schlagen und über die Creme geben.

Tipp: Die Bananencreme kann man sehr gut im Tiefkühlgerät aufbewahren. 30 Minuten vor dem Servieren in den Kühlschrank stellen, damit sie antauen kann.

Mangosorbet

**Zubereitung: 10 Minuten plus 40 Minuten
zum Kühlen**
Für 4 Personen

Zutaten

2 reife Mangos
Saft von 2 Bio-Orangen
125 ml Kokosmilch
40 ml Agavendicksaft

▌ Die Mangos schälen und das Fruchtfleisch vom Stein schneiden. Die Mangos, den Orangensaft, die Kokosmilch und den Agavendicksaft im Mixer fein pürieren. Die Masse durch ein Sieb passieren.

▌ Das Püree in einer Eismaschine gefrieren oder in einer Schüssel ins Gefrierfach stellen und alle 10 Minuten mit dem Schneebesen durchrühren, bis ein cremiges Sorbet entstanden ist. Mit dem Eisportionierer Kugeln abstechen und servieren.

Tipp: Sorbet lässt sich gut auf Vorrat herstellen. Kurz vor dem Servieren sollten Sie es aus dem Tiefkühlgerät nehmen und in den Kühlschrank stellen. So lässt es sich besser portionieren. Alternativ können Sie auch die portionierten Eiskugeln tiefkühlen – das ist besonders praktisch, wenn Sie Gäste bewirten wollen.

Pimpernellesorbet

**Zubereitung: 15 Minuten plus 40 Minuten
zum Kühlen**
Für 4 Personen

Zutaten

1 Bund Pimpernelle (Kleiner Wiesenknopf)
250 ml stilles Wasser
125 ml Kokosmilch
Saft von 2 Bio-Limetten
50 ml Agavendicksaft

▌ Die Pimpernelle waschen, trocken schütteln und grob schneiden. Alle Zutaten im Mixer pürieren. Durch ein feines Sieb passieren.

▌ Die Flüssigkeit in einer Eismaschine gefrieren oder in einer Schüssel ins Gefrierfach stellen und alle 10 Minuten mit dem Schneebesen durchrühren, bis ein cremiges Sorbet entstanden ist. Mit dem Eisportionierer Kugeln abstechen und servieren.

Gefrorene Kokosmousse mit Ananas

Zubereitung: 20 Minuten plus 1 Stunde zum Kühlen
Für 4 Personen

Zutaten

200 ml Kokoscreme
30 ml Agavendicksaft
Saft und etwas abgeriebene Schale von
1 Bio-Limette
½ Vanilleschote
½ Ananas

▌ Die Kokoscreme mit der Hälfte des Agavendicksafts und dem Limettensaft mischen. In Portionsgläser füllen und für 1 Stunde einfrieren.

▌ Inzwischen die Vanilleschote längs aufschneiden und das Mark herausschaben. Die Ananas schälen und in Würfel schneiden. Die Ananas mit dem restlichen Agavendicksaft, der Limettenschale und dem Vanillemark mischen.

▌ Kurz vor dem Servieren die Hälfte der Ananas im Mixer pürieren und durch ein feines Sieb passieren. Mit den Ananasstücken mischen und auf der gefrorenen Kokosmousse verteilen. Sofort servieren.

Geeiste Apfelsuppe mit Kokossorbet

Zubereitung: 1 Stunde plus 2 Stunden
zum Kühlen
Für 4 Personen

Zutaten

Für das Sorbet
200 ml Kokosmilch
Saft von 1 Bio-Limette
30 ml Agavendicksaft

Für die Apfelsuppe
500 ml Wasser
50 g Tapioka
2 grüne Äpfel (z. B. Granny Smith)
1 Bio-Limette
20 g Ingwer
40 ml Agavendicksaft

Für die Apfelspaghetti
2 Äpfel (rot oder gelb, jedoch keine
Granny Smith)
Saft von 1 Bio-Zitrone

❚ Für das Sorbet die Kokosmilch, den Limettensaft und den Agavendicksaft im Mixer aufschäumen und in kleinen Muffinformen einfrieren.

❚ Für die Apfelsuppe das Wasser erhitzen und die Tapioka darin aufkochen. Auf kleiner Flamme zugedeckt 15 Minuten quellen lassen, dann beiseitestellen und abkühlen lassen. Inzwischen die Äpfel vierteln, die Limette schälen. Die Äpfel mit der Limette und dem Ingwer entsaften. Den Agavendicksaft hinzufügen und die Flüssigkeit einfrieren.

❚ Für die Spaghetti die Äpfel schälen und mit dem Zestenreißer Spaghetti vom Fruchtfleisch abziehen. Die Apfelspaghetti mit dem Zitronensaft mischen, damit sie sich nicht verfärben.

❚ Kurz vor dem Servieren den gefrorenen Apfelsaft mit einer Gabel aufrauen, unter die abgekühlte Tapiokasuppe mischen und in tiefe Teller füllen. Die Spaghetti hineinsetzen und das Kokossorbet obenauf anrichten.

Tipp: Muffinformen gibt es auch als bewegliche Silikonmatte, die sich für dieses Rezept am besten eignet.

Rosenpralinen

**Zubereitung: 25 Minuten plus 30 Minuten
zum Kühlen
Für etwa 25 Pralinen**

Zutaten

½ heller Biskuit, gebacken (siehe Seite 17)
4 EL Rosenwasser
80 g Mandeln, gehäutet
100 g Pflanzenmargarine
etwas abgeriebene Schale von 1 Bio-Zitrone
80 g Sojasahne
30 ml Agavendicksaft
10 g getrocknete Rosenblütenblätter
5 EL Kokosblütenzucker

▌ Den Biskuit in kleine Stücke zupfen. Mit dem Rosenwasser tränken. Die Mandeln grob hacken und dazugeben. Die Margarine und die Zitronenschale mit dem Schneebesen schaumig schlagen, nach und nach die Sojasahne und den Agavendicksaft einarbeiten. Mit den Biskuitstücken mischen und für 30 Minuten kalt stellen.

▌ Die getrockneten Rosenblütenblätter zerreiben und mit dem Kokosblütenzucker mischen. Aus der gekühlten Pralinenmasse mit einem Teelöffel etwa 25 kleine Portionen abstechen, Würfel daraus formen und in dem Blütenzucker wenden. Bis zum Servieren kalt stellen.

Tipp: Rosenpralinen können Sie sehr gut auf Vorrat herstellen und einfrieren.

Geeiste Kakao-Pinienkern-Pralinen

**Zubereitung: 20 Minuten plus 20 Minuten
zum Kühlen
Für etwa 25 Pralinen
(Bild Seite 157)**

Zutaten

¼ Kakaobiskuit, gebacken (siehe Seite 17)
80 g Pflanzenmargarine
3 EL Agavendicksaft
4 EL geröstete Kakaobohnen, grob zerdrückt
1 Päckchen Vanillepuddingpulver
125 ml Sojasahne

Für die Dekoration
3 EL Kakaopulver
15 g Pinienkerne

▌ Den Biskuit in kleine Stücke zupfen. Die Pflanzenmargarine und den Agavendicksaft mit dem Schneebesen schaumig schlagen. Die Kakaobohnen, das Puddingpulver und die Sojasahne hineinrühren. Die Masse mit den Biskuitstücken mischen und für 20 Minuten kalt stellen. Etwa 25 kleine Pralinen aus der Masse formen und im Kakaopulver wälzen. Mit den Pinienkernen dekorieren.
▌ Die Pralinen bis zum Servieren ins Tiefkühlfach stellen.

Kokoskugeln

Zubereitung: 20 Minuten plus 20 Minuten
zum Kühlen
Für etwa 25 Pralinen

Zutaten

¼ heller Biskuit, gebacken (siehe Seite 17)
80 g Pflanzenmargarine | 3 EL Agavendicksaft
1 Päckchen Vanillepuddingpulver
125 ml Kokoscreme | 4 EL Kokosraspel
etwas abgeriebene Schale von 1 Bio-Orange
6 EL Kokospulver

❚ Den Biskuit in kleine Stücke zupfen. Die Pflanzenmargarine und den Agavendicksaft mit dem Schneebesen schaumig schlagen. Das Puddingpulver, die Kokoscreme, die Kokosraspel und die Orangenschale hineinrühren. Die Masse mit den Biskuitstücken mischen und für 20 Minuten kalt stellen. Etwa 25 kleine Kugeln aus der Masse formen und in dem Kokospulver wälzen.

❚ Die Pralinen bis zum Servieren ins Tiefkühlfach stellen.

Kaffee-Kakao-Kugeln

Zubereitung: 20 Minuten plus 20 Minuten
zum Kühlen
Für etwa 25 Pralinen

Zutaten

½ Kakaobiskuit, gebacken (siehe Seite 17)
100 ml starker Kaffee
50 g Mandeln | 100 g Pflanzenmargarine
4 EL Agavendicksaft | 6 EL Kakaopulver

❚ Den Biskuit in kleine Stücke zupfen, dann mit dem Kaffee tränken. Die Mandeln grob hacken und dazugeben.

❚ Die Pflanzenmargarine und den Agavendicksaft mit dem Schneebesen schaumig schlagen. Die Masse mit den Biskuitstücken mischen und für 20 Minuten kalt stellen. Etwa 25 Kugeln aus der Masse formen und die Kugeln im Kakaopulver wälzen.

❚ Die Pralinen bis zum Servieren ins Tiefkühlfach stellen.

Geeiste Walnuss-Pistazien-Pralinen

Zubereitung: 25 Minuten plus 20 Minuten
zum Kühlen
Für etwa 25 Pralinen

Zutaten

¼ Kakaobiskuit, gebacken (siehe Seite 17)
1 Bio-Orange | 2 EL Agavendicksaft
1 Zimtstange | 2 EL Kokosfett
2 EL Kakaopulver oder Johannisbrot
3 EL Apfeldicksaft
25 g Pistazien, fein gerieben
25 g Walnusskerne, halbiert

❚ Aus dem Biskuit etwa 25 kleine Kreise ausstechen. Die Orange auspressen und etwas Schale abreiben. Saft und Schale mit dem Agavendicksaft und der Zimtstange auf ein Drittel des Volumens einkochen lassen. Die Zimtstange entfernen und mit der Flüssigkeit die ausgestochenen Biskuits tränken.

❚ Das Kokosfett schmelzen, das Kakaopulver und den Apfeldicksaft gut unterrühren. Die getränkten Biskuitstücke eintauchen, dann in den Pistazien wälzen. Mit je einer halben Walnuss dekorieren. Die Pralinen bis zum Servieren ins Tiefkühlfach stellen.

Register

In gleicher Reihe erschienen ...

ISBN 978-3-88472-906-9

Das Gemüsekochbuch
für Genießer: kreativ, stylish und
frisch.

ISBN 978-3-86244-029-0

Freuen Sie sich auf 70 berühmte
Klassiker und neue Trendrezepte
für jeden Anlass rund um den Salat –
anmachen erlaubt!

ISBN 978-3-86244-001-6

Für jedes Gericht ist ein Kraut
gewachsen, dafür liefern diese
110 würzigen Rezepte den
köstlichsten Beweis!

ISBN 978-3-86244-072-6

Mit wenigen Handgriffen zaubern
Sie köstliche Suppenkreationen
und lernen klassische Suppen mit
raffinierten Extras zu verfeinern.

ISBN 978-3-88472-975-5

Crostini, Bruschetta, Tramezzini,
Bagels, Pita, und Toast Hawaii –
da kann keiner widerstehen!
100 Rezepte – heiß, kalt, rustikal,
stilvoll elegant!

ISBN 978-3-86244-145-7

Finger & Food = Fingerfood.
Wenig Geschirr, ein wenig Vorbe-
reitung und diese 100 Rezepte –
mehr Zutaten braucht sie nicht, die
perfekte Party!

CHRISTIAN

www.christian-verlag.de